As religiões que o mundo esqueceu

Consulte nosso catálogo completo e últimos lançamentos em **www.editoracontexto.com.br.**

Pedro Paulo Funari (org.) | Alexandre Navarro | Ana Donnard
Betty Mindlin | Flavia Galli Tatsch | Johnni Langer
Julio Cesar Magalhães | Julio Gralha
Leandro Karnal | Luiz Alexandre Rossi | Paulo Nogueira
Renata Senna Garraffoni | Sergio Alberto Feldman

As religiões que o mundo esqueceu

Como egípcios, gregos, celtas, astecas e outros povos cultuavam seus deuses

editoracontexto

Montagem de capa e diagramação
Gustavo S. Vilas Boas

Preparação de textos
Lilian Aquino

Revisão
Liliana Gageiro Cruz

Dados Internacionais de Catalogação na Publicação (CIP)
(Câmara Brasileira do Livro, SP, Brasil)

As religiões que o mundo esqueceu : como
egípcios, gregos, celtas, astecas e outros povos cultuavam seus
deuses / Pedro Paulo Funari (organizador). –
1. ed., 7ª reimpressão. – São Paulo : Contexto, 2025.

Vários colaboradores.
ISBN 978-85-7244-431-6

1. Deuses 2. Religião – História 3. Religiões 4. Sagrado
I. Funari, Pedro Paulo.

09-02223 CDD-200.9

Índices para catálogo sistemático:
1. História das religiões 200.9
2. Religiões : História 200.9

2025

EDITORA CONTEXTO
Diretor editorial: *Jaime Pinsky*

Rua Dr. José Elias, 520 – Alto da Lapa
05083-030 – São Paulo – SP
PABX: (11) 3832 5838
contato@editoracontexto.com.br
www.editoracontexto.com.br

Sumário

Introdução

Junto à capacidade de produzir e transmitir cultura, a experiência religiosa é a marca mais distintiva da humanidade. Animais comunicam-se entre si, por meio de sons, e o podem fazer de maneira impressionante: a "linguagem" das baleias é um exemplo que causa admiração em quem já ouviu a "conversa". Os pássaros também o fazem, com canções que podem encantar. O uso de artefatos, que já foi considerado apanágio do ser humano, tampouco se revelou único. Hoje sabemos que diversos tipos de macacos utilizam-se de objetos como ferramentas. Não há evidências, contudo, de que qualquer outro animal seja movido por preocupações religiosas, como o ser humano é desde os seus primórdios. Os mais antigos registros da humanidade, de dezenas de milhares de anos, retratam a religiosidade, esse sentimento íntimo dos primitivos seres humanos. Nas cavernas, encontramos pinturas que retratam cerimônias religiosas: são pessoas que participam de atividades xamânicas, são pajés, são imagens que procuram facilitar a caça, ou favorecer a fertilidade de plantas, animais e humanos. Gravuras às margens de rios retratam a crença na força sobrenatural das águas. O enterramento dos mortos marca, de forma clara e definitiva, a crença nos espíritos dos antepassados. A humanidade, nesse sentido, pode ser definida como aquela parte do reino animal que se caracteriza pela religiosidade.

Mas o que seria a religiosidade? Como definir essa característica tão essencial do ser humano? Por outro lado, se a religiosidade constitui a essência do ser humano, ateus não pertenceriam à humanidade? Nada mais difícil de definir do que o essencial. Isso é assim com tudo que sentimos, como o amor ou o desejo: quem os há de definir? Amor e desejo, tão inefáveis, fazem parte daquilo que movimenta o espírito humano e constituem, assim, a base mesma da espiritualidade: daquilo que nos move. Não nos mobilizamos por nada sem um ímpeto do espírito, alimentado pelo amor e pelo desejo. Ninguém faz uma oferenda em um altar ou contribui com o dízimo para um partido (mesmo comunista e ateu) sem esse movimento espiritual, subjetivo e imaterial. Nesse sentido, a religiosidade, a fé característica da humanidade, está na raiz seja das religiões institucionalizadas, seja de todo movimento humano em prol de algo pelo que se luta, com crença profunda (uma religião, uma causa, uma crença).

As manifestações religiosas são, pois, tão múltiplas e variadas como é diverso o ser humano, em suas inúmeras culturas, do presente e do passado. A grande riqueza humana consiste, precisamente, nessa diversidade. Este livro dedica-se a algumas das mais interessantes e inspiradoras experiências religiosas da humanidade que deixaram de existir ou quase desapareceram.

As religiões que o mundo esqueceu constituem um tesouro: um manancial de práticas, sentimentos e interpretações do mundo. Algumas delas formam parte de nosso repertório cultural e penetraram, às vezes de forma profunda, mas despercebida, nas nossas próprias concepções e sentimentos. As religiões dos sumérios, egípcios, gregos e romanos são exemplos claros disso, mas outras religiosidades menos frequentadas, como o zoroastrismo e o gnosticismo, também entram nessa categoria. São maneiras particulares de encarar o divino, diversas entre si e das nossas, mas nelas reconhecemos muito do nosso próprio manancial cultural e religioso. Ressoam entre nós o Dilúvio sumério, a alma (ka) egípcia, o complexo de Édipo grego, o apego ritual romano, o dualismo entre bem e mal persa e os segredos religiosos do gnosticismo.

Outras muitas concepções e práticas destacam-se pela radical diferença. As percepções indígenas americanas sobressaem, nesse sentido, como interpretações do mundo em tudo originais. Outras tantas experiências religiosas apresentam-se como distantes e próximas a um só tempo. As práticas cristãs desaparecidas, como as arianistas e as albigenses, nos são compreensíveis, mas originais e únicas, assim como as religiões celta e viking. O que todas têm em comum é sua beleza e seu fascínio. Ao nos embalarmos no relato de cada uma delas, de forma quase onírica, é como se sonhássemos e nos transportássemos a outras épocas e outros sentimentos, tão próximos e tão distantes, que tanto nos podem tocar. Aquilo que nos caracteriza como humanos, nossa espiritualidade, encontra em cada capítulo uma satisfação e uma atração únicas.

Esta obra visa a introduzir o público geral nesse mundo fascinante e, por isso, cada capítulo apresenta um panorama geral, em linguagem clara e direta, sem jargões, de uma religião desaparecida (ou quase). São pequenas pérolas, escritas por especialistas, que convidam o leitor a viagens mais profundas, ao sugerirem alguns títulos de aprofundamento sobre cada tema. Aceito o convite, o leitor encontrará não apenas um pouco da humanidade, em sua diversidade, mas também se deparará com facetas insuspeitadas de seus próprios sentimentos e emoções.

P. P. F.

Egípcios

Julio Gralha

Obcecada pela vida eterna e pela perpetuação da alma, a religião egípcia fascina por seu caráter místico. As pirâmides são o testemunho mais perene dessa busca pela eternidade. O *Livro dos mortos* abre as portas para a transcendência. E o culto dos faraós, materialização do divino, revela o respeito dos egípcios pela autoridade. Em tudo, as forças da natureza mostravam-se soberanas, personificadas como divindades, a começar pelo Sol, símbolo da vida. E ainda havia o Nilo na Terra...

Onde encontrar a religião dos egípcios?

Os egípcios e sua religião têm exercido grande fascínio sobre o mundo ocidental, desde há muitos séculos. Há mais de dois mil anos, Heródoto já se espantava com eles e justificava o alto nível de desenvolvimento da civilização egípcia como consequência inevitável do rio Nilo. Napoleão se derretia pelo Egito e todas as nações desenvolvidas do Ocidente trataram de criar uma seção de múmias e esculturas egípcias em seus museus. Mesmo hoje em dia um bom observador pode notar a frequência com que pirâmides e obeliscos são reproduzidos em cidades do mundo inteiro, inclusive nas brasileiras.

O Egito atual é fruto de rupturas tão significativas a ponto de tornar-se irreconhecível para quem quer encontrar lá a antiga civilização. Embora com o mesmo nome, ela não existe mais, como não existem a Pérsia ou a Grécia antigas. Mas todas elas continuam existindo, como representações idealizadas de um passado idealizado. Neste capítulo buscaremos explicar a religião egípcia e seu significado, tanto no interior do mundo egípcio como no Mundo Antigo como um todo, com base nas pesquisas mais atualizadas.

Embora seja impraticável investigar suas origens, é possível analisar seu desenvolvimento, que tem sido objeto de estudos desde o século XIX. Os indícios dos primeiros cultos e templos, que não eram ainda em pedra, datam do quarto milênio antes da chamada era comum (ou antes de Cristo) e tornaram-se, no segundo milênio, bem organizados. Todos os segmentos sociais praticavam a religião. A partir da expansão faraônica durante o Novo Império (1550-1070 a.C.), a religiosidade egípcia tornou-se mais presente em outras regiões. O período ptolomaico (332-30 a.C.) e a ocupação romana (30-395 d.C.) são ricos em função do culto à deusa Ísis e ao deus Serápis. O culto ao deus Serápis – um misto de Zeus, Osíris e o Touro Ápis –, profetizado em um sonho de Ptolomeu I, esteve presente no Mediterrâneo e na antiga York (Inglaterra). Serápis pareceu ser uma tentativa de relacionar egípcios e gregos no início do governo ptolomaico.

Ísis já estava bem presente fora do Egito desde o século IV a.C. Seu culto se popularizou de tal forma que indícios foram encontrados em Delos, Rhodes, Turquia, Lesbos, Chipre, Atenas, Pompeia, Roma, Londres, entre tantos outros lugares.

As fontes arqueológicas e históricas disponíveis são fragmentadas e a descrição egípcia da religião deixa os estudiosos em dúvida quanto ao sentido de certas práticas.

Concepções religiosas e mitológicas

Os egípcios pensavam o mundo a partir da sua experiência: viviam em um deserto, fertilizado pelas águas de um rio, o Nilo, que não recebia afluentes ou água de chuva. As cheias, que hoje sabemos serem o resultado de chuvas na África tropical, eram para eles misteriosas. O céu sempre azul era dominado pelo Sol, que nascia e morria a cada dia, sem que as pessoas soubessem que isso era devido apenas ao

Estátua do deus Hórus tendo o monarca aos seus pés, no templo de Edfu.

movimento de rotação da Terra. Interpretavam o mundo como resultado de forças superiores. Os outros mistérios também eram associados a divindades, mas não havia dúvida de que acima de todas estava o Sol. Assim também ocorria na sociedade egípcia, pois o faraó reinava soberano, também divinizado. Não por acaso, o mito da criação veio da Cidade do Sol, Heliópolis.

O mito da criação em Heliópolis

O mito era uma forma de explicação para processos naturais que estavam sem resposta no pensamento egípcio, tais como a criação do mundo, da raça humana e o pós-morte. Os mitos também passavam um tipo de moral, concepção de ordem e caos, e valores éticos que deveriam ser seguidos e ensinados às próximas gerações. Um bom exemplo é o mito de Osíris, como veremos. Assim, os mitos representavam necessidades e anseios dos homens e mulheres dessa sociedade.

Um dos mitos mais importantes e antigos relativo à criação é o da cidade de Heliópolis, cujo nome em egípcio antigo é *Wn, Annu* ou *Iunnu*. Durante o Antigo Império (2575-2134 a.C.) tornou-se o principal centro religioso e sede do culto solar, sobretudo da 4ª a 6ª dinastias, época da construção das pirâmides de Queóps, Quefren, Miquerinos, Unas, Pepi e Teti. O prestígio do culto solar foi tal que um dos cinco títulos básicos do faraó, de "Filho de Ra" (*sa-Ra*), pode ter surgido nesse período. Referências a esse mito podem ser encontradas nos *Textos das Pirâmides* no papiro *Bremner-Rhind* e no livro da *Vaca celeste*. Estes dois últimos talvez sejam a melhor maneira de conhecê-lo, apesar da forma truncada da narrativa. De um modo geral, podemos contar o mito da seguinte maneira:

> No princípio era o Nu (Num), o oceano celestial com sua característica de imobilidade e totalmente estático – a visão do caos na concepção egípcia. Do seu interior emergiu o deus Atum autogerado (não confundir com Aton, que surgiria na 18ª dinastia e representa o disco solar). Uma vez emerso do Num, a primeira porção de terra também emergiu para acolher o deus. Tal porção de terra era identificada por uma forma piramidal, frequentemente associada a um obelisco.

Segundo George Hart, no livro *Mitos egípcios,* "este outeiro primitivo tornou-se formalizado como *benben (bnbn)*, uma elevação piramidal firme para sustentar o deus Sol; as relíquias reais de pedra, talvez consideradas como o sêmen petrificado de Atum, eram citadas como sobrevivente no *hewet-benben* (*hwt-bnbn*), a Mansão do *benben*", ou a Mansão da pedra *benben*. O *benben* pode ser interpretado como o raio de Sol petrificado e não necessariamente o sêmen.

Uma vez sustentado, o deus Atum inicia o processo de criação dos deuses, por atos oriundos da fala ou da boca. (Em outras variantes, essa criação foi produzida pela masturbação do deus. Há uma outra, ainda, que relata a união do deus Atum com sua sombra (*kaibit*)). Uma vez autogerado, o deus Atum expeliu o deus Shu e cuspiu a deusa Tefnut, estabelecendo a primeira tríade. Shu representava o ar, a atmosfera entre outros atributos (esse deus pode aparecer com o atributo da luz solar segundo outros textos). Tefnut representava a umidade do céu. A partir desse ponto, o casal Shu-Tefnut continuou a criação gerando o casal Geb (terra) e Nut (céu). Atum não tomou mais parte na criação, a não ser para gerar, de suas lágrimas, a raça humana.

O deus Geb possuía um caráter masculino, ao contrário de muitas sociedades antigas que estabelecem uma relação feminina com a terra – "a mãe terra". A deusa Nut, por outro lado, representava o céu no qual estrelas, planetas e outros deuses estão presentes. A barca de Ra navegava 12 horas por dia no seu corpo e tal jornada tinha início no seu ventre, situado no leste, e terminava aparentemente na sua boca, no crepúsculo no oeste. Em seguida, uma nova fase foi levada a efeito com a geração dos quatro filhos do casal Geb e Nut: Osíris, que se tornaria rei do mundo inferior, Isis, a senhora do trono; Seth, representando forças caóticas da natureza, e Néfits, a senhora do castelo.

Um aspecto importante nessa fase da criação é o papel de Osíris e Seth, que representavam uma certa dualidade de princípios na forma masculina. Assim, temos a terra fértil e estéril, o vale do Nilo e o deserto, luz e trevas, ordem e caos, Osíris e Seth. Ísis representa o aspecto materno, a grande maga e consorte de Osíris. Ela é a senhora do trono (trono de Osíris ou do Egito). Néftis é a senhora do castelo ou mansão – Nebt-het. Esse castelo pode ser entendido como um lugar no firmamento e a casa de Hórus. Assim, os deuses Atum (ou Ra, o deus Sol), Shu, Tefnut, Geb, Nut, Osíris, Ísis, Seth e Néftis formaram a enéada de Heliópolis. Ou seja, os nove deuses da criação. Aos deuses é agregado Hórus ou Heru, que representava o faraó ou a própria raça humana.

Com o Hórus vivo deixado na terra depois da partida de Atum-Ra para o firmamento e Osíris reinando no mundo inferior, o processo da criação estava estabelecido. A criação da natureza ocorreu em algum ponto das quatro fases da criação. Assim, a espécie humana – criada a partir das lágrimas de Atum-Ra – passou por um processo diferente do mundo natural.

O mito de Osíris

Osíris era o deus que, com sua irmã-esposa Ísis, reinava sobre o Egito. Ele havia ensinado aos homens a agricultura e a metalurgia e era amado por seus súditos. Seu enciumado irmão Seth (o deus do mau vento do deserto) o matou, colocou seu corpo num cofre e jogou no Nilo. Ísis procurou o cadáver do marido e o encontrou em Biblos. Ela o trouxe de volta e o escondeu em um pântano. Seth o descobriu, cortou-o em 14 pedaços e os espalhou pelo Egito. Ísis novamente foi atrás do marido, recuperou os pedaços em decomposição, com exceção do falo, e, com eles, fez uma múmia. Com a ajuda de outros deuses mais seus poderes mágicos, Ísis devolveu a vida ao marido e reconstituiu seu membro perdido. O casal gerou Hórus, que foi criado pela mãe e protegido do ambicioso Seth até chegar o momento de assumir o trono. Osíris não recuperou seu reinado terrestre, mas passou a reinar sobre os mortos. Hórus, mais tarde, tornou-se o rei do Egito. Os faraós o sucederam.

Se o mito de Heliópolis pretende dar conta das questões relativas à origem dos deuses, do mundo natural e da espécie humana, o mito de Osíris parece demonstrar formas de conduta da sociedade egípcia, tais como o papel de um rei justo que é enganado pelo irmão invejoso (Seth); o assassinato do rei bom pelo irmão mau; o papel de Ísis como mulher, esposa, dedicada e leal, que procura o corpo do marido e não descansa enquanto não o encontra; o poder de magia também de Ísis e a possibilidade de ressurreição com Thot e Anúbis, que revivem Osíris e reconstituem seu falo, permitindo, assim, que Ísis gere um herdeiro (o filho Hórus).

De fato, se analisarmos o mito como um todo poderemos perceber que ele trata muito mais da saga da deusa Ísis do que de Osíris. O mito tem grande importância também por estar associado ao rito funerário e à mumificação, uma vez que Osíris torna-se senhor do mundo inferior e "ressuscita" nesse local depois de mumificado. Desse modo, todo aquele que morre, passando pelo rito funerário e pelo processo da mumificação, é considerado um Osíris.

Práticas religiosas e mágicas

Cultos e templos

Havia três modos de cultos no Egito antigo: oficial, popular e funerário. O culto oficial era realizado pelo faraó e pelo corpo de sacerdotes nos grandes templos e em diversas regiões do Egito. Era endereçado aos deuses do panteão egípcio. Os deuses locais tinham uma importância maior no culto. Dessa forma, na cidade de Mênfis, a tríade constituída pelo deus Ptah (deus dos artesãos, mas considerado criador nessa cidade), pela deusa Sekhmet (deusa solar de grande poder e responsável pelas doenças e pela cura) e pelo "filho" Nefertum deveria ter uma atenção maior. Já em Tebas, o deus Amon-Ra – visto aqui como um deus criador –, sua consorte, a deusa Mut (a mãe), e Khonsu, um deus de característica lunar, ganhariam mais destaque. Mas apenas poucas cidades tinham tríades divinas como essas.

O culto era realizado diariamente por um grupo de sacerdotes que possuía funções específicas no decorrer da cerimônia, como preparar as oferendas, em boa parte alimentos, e o cuidado com os materiais ritualísticos, por exemplo, o que denota uma hierarquia no segmento sacerdotal. Nessa prática religiosa, o templo era o principal local e poderia servir tanto para o culto aos deuses quanto para o culto ao faraó (nos templos em memória do faraó falecido).

O local tinha um tempo sagrado e tornava-se um espaço santo quando utilizado em rituais e festivais: representava o lugar e o momento em que os homens e os deuses uniam-se. Assim, aparecia de forma transparente num processo de comunicação, no qual seria afirmada a presença da divindade e a renovação dos compromissos entre divindade e homens e vice-versa. Desse modo, o monarca se tornaria representante e mediador da humanidade, reafirmando a vitória da existência sobre a não-existência (caos) e afastando tal inexistência para além das fronteiras do Egito. Por conseguinte, o espaço sagrado do templo poderia ser justificado através dos mitos cosmogônicos.

O culto popular é mais difícil de ser identificado, já que esse segmento não deixou artefatos que perdurassem como os da realeza e da nobreza egípcia. De todo modo, podemos inferir que o culto era realizado no lar (toda casa tinha um nicho para a divindade) e em capelas nas cidades e pequenas localidades. Em alguns casos, como no culto ao faraó Amenhetep I, a projeção foi tal que um pequeno corpo sacerdotal foi constituído.

O culto oficial e o popular se encontravam nos grandes festivais e procissões que aconteciam ao longo do ano egípcio. Nos festivais de caráter oficial, a barca que continha os deuses e possivelmente o faraó saía em procissão pelo Nilo. Em outros, uma divindade de um templo visitava outra. É o caso de Hathor de Dendera e Hórus de Edfu. Nessas festividades, a população tinha acesso à parte do cerimonial e aos mitos através de algum tipo de encenação, pois a esmagadora maioria não sabia ler.

Por fim, existiam as práticas funerárias, que de um modo geral tinham a função de preparar a pessoa para a outra vida. Quanto mais abastado fosse o egípcio mais complexo seria seu funeral. Aquele desprovido de recursos infelizmente não deixou vestígios claros e não temos como saber ao certo que tipo de rito era praticado no sepultamento. Todavia, por mais pobre que fosse, é provável que um simples culto e funeral se realizasse para que ele pudesse também chegar ao reino de Osíris.

De um modo geral, o ato funerário envolvia o processo de mumificação, a tumba, o enxoval funerário e ritos como o da abertura da boca. Dessa forma, passando pelo julgamento, o morto, agora justo de fala e ações (*maak-kheru*), seria suprido das coisas boas desta vida na vida após a morte. Estaria com os deuses, poderia visitar sua tumba e receber a energia vital (*Ka*) das oferendas.

Ritos e oferendas

Os ritos e as oferendas aos deuses constituem também um tipo de prática mágica. O ritual da abertura dos olhos e da boca do morto no ato funerário pode ser um exemplo dessa prática. Mas tentemos exemplificar um culto diário apesar das dificuldades de conhecermos um rito em seus detalhes.

Estamos nas primeiras horas do dia. O sol está se erguendo mais uma vez como o deus Ra. Enquanto isso, em um templo dedicado ao deus Hórus na cidade de Edfu, os sacerdotes estão em preparação. Fizeram a lustração diária (banho ritualístico) e passaram unguentos no corpo (cosméticos perfumados). Todos estão com as vestes ritualísticas de linho branco, todos estão com pelos raspados e iniciaram a preparação das oferendas que possui muitos itens. Os sacerdotes responsáveis pelos pães estão presentes; lírios e outras flores também foram trazidas. Outros se encarregam dos materiais ritualísticos – estandartes, objetos, recipientes e muito mais. Outro grupo se encarrega do incenso à base de mirra e olibano e de óleos especiais usados para ungir imagens e locais. Sacerdotes e sacerdotisas entoam cânticos com instrumentos de sopro, corda e percussão. A hora se aproxima, pois o sol se eleva cada vez mais e assim o cortejo é preparado. Longe do alcance das vistas da população, o séquito se dirige para o local mais profundo do templo no qual o cenário é dominado pela penumbra e pela luz vibrante das chamas. Alguns sacerdotes poderão chegar até esse ponto, pois nem todos têm permissão para tal (ao que parece).

O santuário de Hórus é aberto, invocações são proferidas e cânticos ecoam nas paredes sólidas de pedra do templo. Então o deus é banhado pela água pura e o incenso é queimado diante de sua imagem que recebeu a encarnação de Hórus (eles não estão adorando a estátua, mas a essência que está na estátua no momento). Unguentos são ministrados na imagem, que recebe uma vestimenta. As oferendas são trazidas e mais encantamentos e invocações são proferidos com a intenção de que a ordem cósmica seja mantida mais uma vez nas terras do Egito e que o faraó seja seu principal servidor nessa missão.

Pronto! O sol – sempre o sol – já está mais acima no horizonte, algumas horas se passaram. O santuário é fechado, a cerimônia é encerrada e os sacerdotes retornam às suas atividades diárias. Ao longo do dia, outros cultos serão realizados e o ciclo natural e a ordem se estabelecem para evitar o caos.

Práticas mágicas

As práticas mágicas estão ligadas aos cultos religiosos e à mitologia. O rito funerário, por exemplo, é repleto de encantamentos. A magia também possui relação com a medicina uma vez que papiros médicos prescrevem certos encantamentos associados aos medicamentos. A população tinha acesso à magia por meio de algum tipo de mago, sacerdote ou através do conhecimento popular. Muitos dos feitiços ultrapassaram os séculos e traços foram encontrados em papiros gregos oriundos do Egito dos séculos IV ao VII da era cristã.

Os encantamentos são os mais diversos, mas questões ligadas ao amor, às enfermidades, à concepção ou não-concepção, ao combate do mal e à aniquilação de um inimigo são as mais visíveis. Entre todos, feitiços relativos ao amor dominam o cenário. Dessa forma, a relação entre deuses e homens na questão popular torna-se mais claras uma vez que a magia, ao que tudo indica, pretende conceder desejos, necessidades e oferecer solução para os diversos dilemas e desafios da vida. É interessante notar que, milhares de anos depois, muitas atitudes em essência não mudaram, se compararmos ao nosso século XXI. Nada melhor do que alguns exemplos para ilustrar a visão egípcia. Apesar de ambos os encantamentos estarem no masculino, isso não significa que mulheres não tivessem acesso:

1º encantamento

Encantamento de amor

Saúdo a ti O Ra-Harakhty, Pais dos Deuses!
Saúdo a ti O "Sete Hathors" Aquela que é adornada com contas vermelhas! Saúdo a ti Deuses senhores do céu e da terra!
Venham [façam] [fulana] filha de sicrano vir atrás de mim, como um cervo atrás da grama. Como um servo atrás da criança. Como um pastor atrás de seu rebanho!
Se vocês não fizerem ela vir atrás de mim, então eu colocarei fogo em Busiris e queimarei [Osíris]

(Escrito em um fragmento de cerâmica – 20ª dinastia, por volta de 1100 a.C.)

É interessante notar que aquele que faz o encantamento ameaça um dos deuses caso não tenha sucesso.

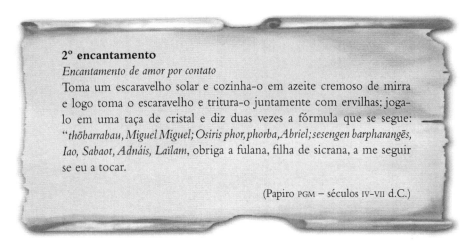

2º encantamento

Encantamento de amor por contato

Toma um escaravelho solar e cozinha-o em azeite cremoso de mirra e logo toma o escaravelho e tritura-o juntamente com ervilhas; joga-lo em uma taça de cristal e diz duas vezes a fórmula que se segue: "*thōbarrabau, Miguel Miguel; Osiris phor, phorba, Abriel; sesengen barpharangēs, Iao, Sabaot, Adnáis, Laïlam*, obriga a fulana, filha de sicrana, a me seguir se eu a tocar.

(Papiro PGM – séculos IV-VII d.C.)

Percebe-se uma mistura de cultos religiosos de diversas origens, mas bem centrados na antiga magia egípcia.

A religião a serviço do poder: faraós e sacerdotes

As práticas religiosas e mágicas também serviram à monarquia divina dos faraós, pois estabeleciam a legitimidade de ações através do desejo ou da permissão dos deuses. Ou seja, eram utilizadas como forma de controle social e "propaganda" de governo. Nessa mesma linha, encontramos os "deuses dinásticos" (divindades associadas a uma dinastia de monarcas reinantes) podendo atingir grande importância no reino como um todo.

Os deuses podiam "subir" ou "cair" em importância. Durante a 4ª e 6ª dinastias, período da construção das pirâmides como tumba, o deus Ra era poderosíssimo. Antes disso o deus Hórus era dominante, mas na maior parte da história do Egito foi o deus Amon (ou Amon-Ra), que assumiu esse papel e, em um curto espaço de tempo, durante o reinado do faraó Akhenaton, o deus Aton – o disco solar – passou a ter a mesma prerrogativa de deus dinástico. Durante o longo reinado divino de Amon, diversos monarcas tentaram elevar outros deuses de caráter solar ao mesmo nível de importância, o que faz pensar em um projeto político-religioso. Também o *status* dos clérigos dependia do faraó, que podia remanejá-los. Durante o reinado de Ramses II (1279-1213 a.C.) um sacerdote de Ptah de Mênfis assumiu o cargo de primeiro profeta de Amon (sumo sacerdote) na cidade Tebas. Talvez Ramses II não confiasse muito nos sacerdotes tebanos.

Podemos exemplificar a relação de proximidade entre divindade e poder. Nas campanhas do faraó Kamés contra os hicsos (reis pastores vindos da Palestina), o rei egípcio os repeliu conforme as ordens do deus Amon, que era considerado "famoso" por seus conselhos. Outro caso interessante é o da rainha e faraó Hatshepsut (1473-1458 a.C.), que imortalizou uma das formas utilizadas para estabelecer a sua legitimidade no trono. Em seu templo mortuário em Deir-el-Bahari, ela ordenou que fosse descrito o seu nascimento divino por desejo do deus Amon. Segundo a história, o deus toma a forma do faraó Tutmés I (seu pai) e faz amor com a rainha Ahmés (sua mãe), concebendo, assim, Hatshepsut de forma divina. Amon-Ra então diz que essa filha de seu corpo será a legítima governante do reino. A experiência de Hatshepsut nos permite dizer que o acesso de mulheres à posição de faraó era possível. Entretanto o cargo tinha caráter masculino, provavelmente em função das práticas mágicas e religiosas que envolviam tal posição.

O faraó Akhenaton (1353-1335 a.C.), por sua vez, promoveu mudanças fortes envolvendo política e religião, negando todos os deuses e estabelecendo Aton como único deus celestial. Alguns pesquisadores pretendem ver nisso um monoteísmo, mas como Akhenaton aparece, ao que tudo indica, divinizado em vida, outros pesquisadores acham que se trata apenas da experiência mais próxima do monoteísmo que o Egito já teve. O próprio Freud escreveu um livro alegando que o monoteísmo hebreu tem suas origines no pensamento atoniano.

A concepção de Hatshepsut por Amon-Ra.

Sacerdotes e sacerdotisas serviam aos deuses e às deusas e parece haver uma divisão de tarefas por sexo em algumas atividades, como o uso de instrumentos musicais. Eles estavam inseridos na estrutura de poder, tendo hierarquias definidas a serviço do faraó. Os sacerdotes assumiam funções ritualísticas e administrativas e alguns cleros tornaram-se aparentemente mais importantes nesse jogo de poder, sobretudo os segmentos das cidades de Tebas, Heliópolis, Mênfis e Hermópolis. Entretanto, isso não impedia outras formas de culto. Assim, sacerdotes e sacerdotisas da deusa Hathor recebiam especial reverência porque seus atributos estavam ligados ao amor, às paixões, à alegria e à felicidade.

Egiptomania e Egiptosofia: a religião egípcia está morta?

É notório que o Egito antigo seja capaz de gerar fascinação em grande parte do público. Seus monumentos grandiosos, a saga de reis e rainhas poderosas e todo o mistério que envolve as práticas mágicas e religiosas contribuíram para isso.

A religião que havia sido praticada desde o quarto milênio antes de Cristo até o quinto século da era cristã (perda do conhecimento dos hieróglifos) parecia estar perdida. O culto que havia chegado a diversas partes da Europa, Ásia Menor, Oriente Médio e parte da África estava agora em fase de desaparecimento ou desuso.

Nada mais restou do que monumentos grandiosos e paredes repletas de uma escrita incompreensível, que, somente 1300 anos após a destruição do templo de Filae (no século V), seria trazida à luz do dia. Nesse sentido, a religião egípcia estava morta. Entretanto, os segmentos herméticos se apropriavam cada vez mais de seus símbolos, e as descobertas arqueológicas da Egiptologia e a possibilidade de ler novamente os hieróglifos suscitaram nas sociedades secretas e ocultistas, sobretudo dos séculos XIX e XX, a apropriação de elementos da antiga religião. Mas isso estava longe de reviver as práticas religiosas e mágicas da época dos faraós, uma vez que elementos egípcios não compreendidos estavam mesclados a outras correntes místicas e religiosas. No século XX, grupos conhecidos como keméticos (KMT – um dos nomes do Egito que significa terra negra) iniciaram a busca pela antiga religião pretendendo recuperá-la. Estariam eles tentando reviver essa religião? Ainda é cedo para dizer, mas muitos dos antigos ritos não chegaram até nós e, portanto, esse "reviver" possui lacunas.

Assim, quando nos deparamos com tais situações, classificamos como egiptomania a reutilização de elementos da civilização egípcia em outro contexto, ou como Egiptosofia a reutilização desse conhecimento "mágico-religioso" nas práticas modernas. Talvez em um futuro próximo possamos responder à questão de se é possível ou não reviver a religião dos egípcios antigos. Enquanto isso, formas de reutilização dessas crenças continuam aparecendo de tempos em tempos. A fascinação pelo Egito antigo só tem crescido.

Fontes

Entre os textos mais conhecidos estão os *Textos das pirâmides*, produzidos durante a supremacia do culto solar no Antigo Império, presentes nas paredes das pirâmides de Unas e Pepi I, datando do terceiro milênio antes de Cristo, por volta de 2500 a.C.

Um segundo grupo de textos é conhecido como *Textos dos ataúdes* (ou *Textos dos sarcófagos*) e parecem datar do Reino Médio (2040-1640 a.C.) talvez em função da crise no Primeiro Período Intermediário (2134-2040 a.C.), momento em que o rito funerário deixou de ser prerrogativa dos faraós e passou a ser adotado por nobres e abastados da sociedade egípcia. Um terceiro grupo encontrado no Novo Império (1550-1070 a.C.) e períodos posteriores tornou-se conhecido como *Livro dos mortos* – identificado dessa forma por ser encontrado nas tumbas. O "livro" é uma compilação de capítulos (164 a 200) com fórmulas para que o falecido pudesse passar pelas provas e pelo julgamento no mundo inferior, tornando-se um justo. A tradução correta é *Capítulos para sair ao dia*. Além dessas fontes do Egito faraônico, cronistas e historiadores greco-romanos devem ser considerados. Heródoto, Diodoro da Sicília, Plutarco, entre outros, podem ajudar a compreender tais práticas. Este último descreve o mito de Osíris.

Bibliografia

Araújo, Emanuel. *Escritos para a eternidade*: a literatura no Egito faraônico. Brasília: UnB, 2000.
Cardoso, Ciro Flamarion. *Deuses, múmias e Ziguratts*. Porto Alegre: EDIPUCRS, 1999.
Gralha, Julio. *Deuses, faraós e o poder*. Rio de Janeiro: Barroso Produções, 2002.
Pinsky, Jaime. *As primeiras civilizações*. São Paulo: Contexto, 2007.
Shafer, Byron (org.). *As religiões no Egito antigo*. São Paulo: Nova Alexandria, 2002.
Traunecker, Claude. *Os deuses do Egito*. Trad. Emanuel Araújo. Brasília: UnB, 1995.

Sumérios

Luiz Alexandre Rossi

Os sumérios criaram as primeiras histórias do Dilúvio, tiveram o primeiro Noé. Seus deuses viviam cada qual como patrono de sua cidade e brigavam como brigavam as cidades entre si. Os sentimentos humanos confundiam-se com os divinos, já que as divindades foram criadas à imagem e semelhança de seus adoradores. As práticas religiosas exigiam um clero exclusivo e dedicado. Os astros controlavam a vida dos homens e o horóscopo servia para guiar os humanos nas agruras de uma vida urbana violenta e difícil. O homem, criado do barro por um sopro divino, e as cidades bíblicas de Ur e Babilônia lembram o quanto a Bíblia deve a esse antigo povo mesopotâmico.

Os sumérios estão muito distanciados de nós tanto pelo tempo quanto pelo espaço. O tempo que nos separa dessa antiga civilização pode ser contado em milênios e, geograficamente, é necessário cruzar milhares de quilômetros para alcançar o antigo Oriente Próximo. Por que, então, fazer essa viagem para um tempo e espaço que poderiam parecer desimportantes para nós, modernos?

O primeiro fato que chama a atenção é o alto número de deuses e deusas que faziam parte do cotidiano desse povo. Os próprios sumérios registravam em seus textos um número expressivo de 3.600. As divindades sumérias nos levam para o mundo da religião e a religião permite compreender o mundo e a sociedade. E, nesse sentido, deuses e seres humanos se encontram na religião suméria que, em razão disso, torna-se uma religião atraente para nós, ocidentais.

A Mesopotâmia

Durante os últimos séculos do quarto milênio a.C., mudanças de grande alcance ocorreram em todo o antigo Oriente Próximo. Na Mesopotâmia suméria desenvolveu-se uma civilização literária, caracterizada por um complexo sistema de governo e por uma hierarquia religiosa, administrativa e social. Essa civilização alcançou sucesso ao organizar, pela primeira vez na história, massas de pessoas a fim de realizar obras públicas em grande escala, explorando os rios Tigre e Eufrates para irrigação. Teve um processo gradual de desenvolvimento de um sistema de escrita, de arquitetura e de arte monumentais. Suas origens podem ser detectadas no quinto e quarto milênios a.C.

Durante o que é conhecido como era da "proto-escrita" (3500-3000 a.C.), a cultura suméria foi consolidada. Assim, durante o começo do terceiro milênio, Uruk era, nos termos da época, uma megalópole, com área de 1,6 milhão de metros quadrados.

Mesopotâmia é uma palavra de origem grega que significa "entre rios". Situada entre o planalto do Irã e o deserto da Arábia, era formada pelos rios Tigre e Eufrates, que nasciam nas montanhas da Armênia e desaguavam no Golfo Pérsico. A Mesopotâmia era composta por três regiões, a saber: a Assíria, ao norte, Acad, ao centro, e Sumer, ao sul, que se estendia desde Eridu até Nippur.

Os sumérios não possuíam unidade política nem um Estado centralizado. Eles se organizavam em cidades-estados, cada qual com um governo autônomo, isto é, cada cidade-Estado constituía uma unidade política e tinha o seu próprio soberano. As principais eram: Ur, Uruk, Nipur, Lagash e Eridu.

De acordo com uma tradição iniciada pelos sumérios, a sociedade humana era padronizada a partir de um plano concebido pelos deuses. Para preencher esse plano organizacional, regras operacionais haviam sido inventadas para governar as atividades e o comportamento humano. Essas regras eram coletivamente conhecidas como *me*. O me definia os aspectos da civilização tais como: governo, religião, guerra, paz, intercurso sexual (incluindo a prostituição), arte, música e profissões, e também definia algumas abstrações como: verdade e falsidade, tristeza e alegria. A implementação do me era supervisionada pelos deuses, especialmente por An, o deus da criação, e Enlil, o chefe executivo dos céus.

Olhando para um espelho

A distância a que nos encontramos dos sumérios não deve nos levar a uma falsa visão desse povo. Se olharmos com atenção, encontraremos neles as virtudes que também nós, em pleno século XXI, alegamos cultivar. Os sumérios, segundo alguns escritos, apreciavam a bondade e a verdade, a lei e a ordem, a justiça e a liberdade, a misericórdia e a compaixão. Os reis e governadores, por sua vez, constantemente se vangloriavam do fato de que eles tinham estabelecido a lei e a ordem na terra, que protegiam o fraco do mais forte, o pobre do mais rico. Na prática, talvez isso não ocorresse com tanta frequência, mas era assim que eles gostavam de ser vistos.

Os deuses eram representados como justos e praticamente todas as maiores divindades do panteão sumério são elogiadas nos hinos como amantes do bem, da verdade e da justiça. A presença desses deuses na mente dos sumérios instilava no povo um sentido de consciência, reforçado pelos padrões éticos articulados na lei. Muito possivelmente isso ocorria porque o modo de se perceber o mundo no antigo Oriente Próximo colocava, frente a frente, deuses e seres humanos. Poderíamos até mesmo fazer uma imagem mental desse momento: seria como se aquilo que acontecesse na terra fosse um reflexo exato do que acontecia no céu. Portanto, as virtudes procuradas pelos sumérios eram também as que, primeira e prioritariamente, encontravam-se presentes nos deuses. Um espelho onde seria possível enxergar aos deuses enxergando a si mesmos.

Com tantos deuses, não era de se estranhar que eles estivessem presentes em todas as situações. Os sumérios viam a mão divina em ação nas artes através das quais a cultura e a civilização humana eram sustentadas: fazer o fogo, moldar o tijolo, o cuidado dos rebanhos, a cura do doente, a invenção da escrita, a criação da justiça e da lei. Os deuses se faziam muito próximos e participavam da criação do cotidiano junto com o próprio povo.

Para se dirigir a esses poderes divinos, agradecer por sua beneficência e apelar para eles em tempos de necessidade, os sumérios concebiam seus deuses em forma antropomórfica, ou seja, com olhos para vê-los e ouvidos para ouvir seus hinos e orações. Além disso, eles também os dotavam com emoções humanas porque os deuses pareciam, alternativamente, compassivos e cruéis. Deuses que experimentavam as mesmas emoções e ciúmes e, possivelmente, intervinham em assuntos humanos de forma arbitrária. Podemos entender por que os sumérios tinham tantos deuses e os concebiam como parte de assembleias, em permanente discussão. Suas cidades estavam à mercê das cheias do Tigre e Eufrates. Não sabiam que águas vinham das geleiras da Armênia, que se derretiam no verão. Tampouco sabiam se viria muita ou pouca água. Podiam sofrer com a seca, ou com inundações devastadoras. Isso tudo eles compreendiam como parte das disputas entre os deuses. Se eles estavam satisfeitos, eram agradáveis com os homens, mas se estavam incomodados, podiam enviar enchentes violentas. Também concebiam tantos deuses, pois viam que cada cidade tinha seu rei e que havia muitos reis (e, portanto, no céu, devia haver muitos deuses).

Também é possível dizer que eles imaginavam a existência de outros poderes – os poderes demoníacos da escuridão –, que se escondiam no reino subterrâneo e estavam sempre prontos e preparados para subirem e roubarem dos seres humanos tudo quanto eles consideravam de mais precioso. Os poderes da maldade estavam presentes no imaginário simbólico popular. Para um povo que vivia em constante medo das forças maléficas, dos maus espíritos e dos demônios perigosos, acreditar em um mundo também habitado por deuses e, mais do que isso, deuses desenhados à imagem e semelhança do homem, poderia neutralizar todas as calamidades produzidas pelos poderes da maldade.

A instabilidade e a arbitrariedade dos deuses aparecem no mito de uma das deusas, Inanna: ela era a mais popular das antigas deidades. Representava o poder de atração sexual e o prazer carnal que procede dela. Seu apetite sexual era insaciável e seus relacionamentos com os homens, de curta duração. Era também a deusa da guerra e padroeira de governos dinásticos, divindade cultuada nas cidades de Uruk e Agadé. Seu mito constitui uma das mais significativas criações do mundo antigo. Por isso, descrevo-o rapidamente: começa quando Inanna casa-se com Dumuzi e faz a ele declarações de amor. Todavia, Inanna resolveu descer aos Infernos com o objetivo de suplantar sua irmã Ereshkigal. Sua intenção era a de ser não só a soberana do Reino do Alto, mas também soberana do Mundo Inferior. Após penetrar no palácio de sua irmã e perder suas roupas e adornos, chega despida de todo e qualquer poder à presença de Ereshkigal. Esta lança sobre a irmã um

Estátua de Gudea, príncipe de Lagash.

"olhar de morte" e seu corpo torna-se inerte. Após ser retirada do Mundo Inferior, os Sete Juízes do Inferno dizem para ela: "Quem é que, após ter descido ao Inferno, conseguiu deixá-lo sem nada sofrer? Se Inanna quiser subir novamente, precisará fornecer um substituto." Ao retornar à superfície escoltada por uma tropa de demônios, Inanna descobriu que Dumuzi, ao invés de se lamentar, estava sentado em seu trono, ricamente vestido e satisfeito – talvez por se considerar o único soberano da cidade. Inanna olhou para ele fixamente com seu olhar de morte e pronunciou uma só palavra: a palavra desespero. E somente um grito: o grito de condenação – é este, disse aos demônios, podem levá-lo. Dumuzi suplica diante de seu sogro – o deus sol Utu – que o transforme numa serpente para que tenha condições de fugir e se esconder na casa de sua irmã – Geshtinanna. Mas mesmo no esforço de se esconder, acaba por ser encontrado pelos demônios, sendo preso, torturado e levado ao Inferno. Em seu epílogo, provavelmente, Ereshkigal, comovida pelas lágrimas de Dumuzi, suavizou seu triste destino decidindo que ele ficaria somente a metade do ano no Mundo Inferior e que sua irmã, Geshtinanna, o substituiria durante a outra metade.

Deuses que são como padrinhos

Em nossa tradição, encontramos a figura do padrinho. Geralmente ele é alguém muito próximo a nós e sua função mais importante é a de nos proteger. Imagine, agora, que as divindades sumérias também se apresentavam como "padrinhos". Mas com uma diferença: os deuses eram protetores ("padrinhos") de cidades. Nesse sentido, as pessoas que habitavam aquele lugar também estavam sob sua proteção, como se fosse um santo padroeiro.

É possível afirmar que são vários os poderes divinos que governavam tanto sobre a Mesopotâmia quanto sobre as mentes e os corações de seu povo. Esses deuses eram imanentes à natureza e tão numerosos quanto suas partes: o céu, a terra fértil, as águas que regam o solo, a Lua, o Sol, as estrelas e também o poder gerador que socorria as criaturas da natureza, incluindo a humanidade.

Cada cidade tinha o seu próprio deus protetor a quem era dedicado o templo principal. Alguns dos deuses só tinham importância local. Outras divindades exerciam um domínio mais amplo, que muitas vezes era consequência do poder adquirido pelas suas cidades de origem. Por exemplo: Marduque e Assur chegaram a ser muito importantes devido à prosperidade crescente da Babilônia e da Assíria. Em geral havia uma grande tolerância religiosa, e os deuses de uma região assimilavam os da outra.

As orações dos príncipes das cidades eram, antes de qualquer coisa, dirigidas aos deuses tutelares da família, e as divindades subordinadas funcionavam nesse papel para muitas pessoas. De acordo com a teologia oficial, essas pequenas divindades permaneciam a serviço dos deuses das cidades, de forma bastante concreta: como poderes primários de bem-estar e, necessariamente, como advogados diante dos grandes deuses. Representações desse período mostram como o fiel é conduzido diante dos grandes deuses pela deidade tutelar revelando que a divindade não pode sozinha atender plenamente a todos os desejos do solicitante.

Sacerdotes e sacerdotisas

A administração de um templo estava nas mãos do sacerdote. Em seu início, o governador secular de uma cidade mesopotâmica servia também como seu chefe religioso. Os trabalhos diários de um homem naquela época eram pensados a partir de um inextricável entrelaçamento com o desejo dos poderes dos céus e da terra que governavam a existência humana e aos quais os homens eram requeridos a servir. Depois, separou-se o exercício das atividades sagradas e seculares, levando à ascensão de sacerdotes profissionais que administravam o dia a dia dos templos e a adoração dos deuses.

O caminho para se tornar um sacerdote não era para todos. Duas eram as condições essenciais para um(a) jovem se qualificar ao trabalho: proceder de uma boa família e não ter qualquer tipo de defeito físico. O treinamento incluía aulas de alfabetização (frequentemente na escola do templo) e um longo período de aprendizagem. Alunos do gênero masculino poderiam seguir uma carreira servindo a um deus, ao passo que as alunas serviriam a deusas. No entanto, há um exemplo no qual uma alta sacerdotisa governou o templo de uma divindade masculina, isto é, o deus da Lua, chamado Nanna.

Dias sagrados e festivais

Havia numerosas festas no templo tanto quanto aquelas nas quais eram observados mensalmente os sacrifícios particulares. Havia também festivais anuais em diferentes épocas para os quais grandes oferendas eram trazidas. A festa de consagração de um templo, por exemplo, tinha um caráter todo especial: nessa ocasião, o trabalho parava por vários dias e os privilégios dos superiores acabavam. O direito de punição dos trabalhadores era suspenso (para os dias de festa). Dessa forma, todos se tornavam iguais perante a divindade; todos celebravam alegremente e não deixavam irromper nenhuma contenda. A música era uma necessidade nessas ocasiões. No sentido oposto, havia os grandes lamentos ocasionados pelas catástrofes, durante os quais longas composições musicais eram apresentadas.

A grandeza dos deuses e suas variadas bênçãos eram celebradas em dias especiais e sagrados durante festivais. A mais importante dessas ocasiões sagradas em uma comunidade era quando se honrava seu deus local, seu patrono e protetor. Também expressavam sua gratidão pela fertilidade de sua terra cuja produção sustentava suas vidas e derivava de um favor divino.

O maior desses feriados relacionados à agricultura era chamado de Akiti. Em algumas comunidades, como na Babilônia, as cerimônias eram conduzidas uma vez por ano, imediatamente após a colheita, que acontecia em março. Em outras comunidades, como em Ur, havia duas celebrações no ano, uma no tempo da colheita e a outra em setembro, quando se dava a semeadura.

Lugares de adoração pública

Os principais centros da atividade religiosa eram os templos, em que os deuses estavam presentes em forma de estátuas divinas, e os sacerdotes eram responsáveis por tratar delas. Existiam diferentes tipos de sacerdotes, que exerciam funções distintas, como a administração, os conjuros, os exorcismos, os augúrios, a adivinhação. A maior parte da informação disponível procede de textos relativos ao palácio e ao templo e, assim, é pouco o que se conhece sobre a religião do cidadão comum.

Mais importante do que a festa do Ano Novo era a construção dos templos. Era também uma repetição da cosmogonia, pois o templo, ou seja, o palácio do deus, representava a *imago mundi* por excelência. Podemos dizer que os modelos dos templos e da cidade são transcendentais, pois pré-existem no céu. Dessa forma podemos pensar que essa teoria dos modelos celestes indica que a ação do homem não passa de uma repetição ou imitação dos atos revelados pelos seres divinos.

O foco da religião suméria era o templo. Devemos deixar de lado, porém, nossa concepção de templo – seja uma igreja, uma mesquita ou uma sinagoga – como lugar onde se pretende uma adoração congregacional em seu interior. Contrariamente, os templos sumérios eram concebidos como a residência da divindade. Em seu interior encontrava-se a estátua da divindade bem como o repositório para as ofertas votivas dadas pelos fiéis. Anexos ao santuário estariam os quartos dos sacerdotes ou sacerdotisas que atuavam como servos da divindade, realizando os rituais junto ao altar, cantando hinos de louvor e intercedendo em nome da comunidade ou ainda em nome de um fiel que procurava o socorro da divindade. A arquitetura monumental dos templos era uma manifestação do papel central das instituições religiosas na sociedade suméria.

A adoração pública, quando ocorria, era realizada *fora* do templo, no grande pátio. Cada cidade mesopotâmica podia ter um número de templos dedicados a diferentes deuses, mas um determinado deus era normalmente escolhido para receber um tratamento especial porque era considerado patrono e protetor especial da cidade.

O templo representava provavelmente um centro de riqueza e poder econômico. Nas cidades sumerianas, no período dinástico antigo, os templos possuíam grandes extensões de terras, e os sacerdotes supervisionavam a vida econômica.

Piedade pessoal

Além da oração e do ritual, da cerimônia e da magia, podemos encontrar outra dimensão de piedade: a intenção do coração e sua expressão pessoal através da ação moral. No entanto, a profundidade do coração, especialmente o coração antigo, é difícil sondar, pois o recesso privado da alma não é acessível a demonstrações públicas de fé e, por isso, essa "assinatura da alma" deveria ser buscada na poesia suméria.

Os deuses sumérios nem sempre perdoavam, eles também puniam, a fim de mostrar que eram rígidos no que se refere a suas exigências. A crença normal era que existia uma relação de proporcionalidade entre o sofrimento de uma pessoa e o peso do pecado. Assim, a pessoa que se esforçava para manter sua integridade tinha que se sair melhor do que aquela que havia feito algo de errado. Ao mesmo tempo, é preciso reconhecer que essa noção nem sempre correspondia à realidade, isto é, que o malvado frequentemente se saía melhor do que o justo. As religiões que creem na vida após a morte contam com um lugar justo no além, de acordo com o julgamento do morto. A monotonia do mundo inferior, entretanto, deixava pouca esperança de um melhor destino depois da morte para aqueles que tinham que sofrer na terra. Isso era especialmente verdadeiro considerando que os juízes do mundo inferior podiam penalizar o malvado somente com uma dor adicional.

Outra questão pertinente é o papel da culpa. O mais importante conceito referente a essa discussão é o de "intromissão" (na ordem divina) ou "entrar sem autorização". Indivíduos poderiam ser culpados de uma "intromissão" de várias maneiras, ainda que a visão dominante fosse que a culpa não possuía um papel determinante no destino humano.

Assim, em canções de lamento sobre catástrofes públicas, a culpa do grupo envolvido dificilmente é ressaltada, uma vez que não pode ter responsabilidade quem não tem poder para pressionar as decisões dos grandes deuses. Além disso, é particularmente significativo que os encantamentos sumérios contra doenças e outras formas de sofrimento não indiquem que os deuses tenham enviado à pessoa espíritos maus por conta dos seus pecados. É conclusivo que súplicas por perdão estejam ausentes e que se aja contra os demônios apenas com meios mágicos.

Adivinhação e exorcismo

Os sumérios acreditavam que o desejo dos deuses é manifesto na natureza e que, com uma habilidade própria, ele pode ser lido e interpretado, dando ao piedoso orante uma luz em relação à intenção divina. Sacerdotes especialistas eram os encarregados da responsabilidade de adivinhar o desejo do céu inspecionando os órgãos (especialmente o fígado) de animais sacrificados ou estudando os corpos celestiais com suas mudanças e movimentos.

Ao lado dos deuses havia numerosos seres sobrenaturais, bons e maus: demônios, espíritos, espectros, que assumem diferentes formas e costumam combinar características humanas e animais. Julgava-se que alguns demônios eram responsáveis pelas doenças e outras desgraças, o que dava lugar a complicações rituais destinadas a afastar o mal.

A doença era relacionada a pecados ou à possessão demoníaca. Por causa disso, especialistas em curas espirituais eram convocados para assistir o doente a fim de descobrir qual deus ele tinha ofendido ou ainda encontrar qual espírito hostil o estava possuindo e, dessa forma, a partir de ritos apropriados, exorcizá-lo. Ao mesmo tempo, amuletos eram pendurados nas paredes ou portas das casas com o objetivo de manter para fora os espíritos maus, que tentavam entrar. Os sumérios não viam os ataques dos demônios como penalidade pelo pecado e, nesse sentido, a sua não era uma religião ética, como seria o hebraísmo. Eles adotavam rituais mágicos como defesa contra demônios e nulificação do mal que eles faziam. O "feitiço" se torna a personificação de demônios, junto com muitas doenças.

Ao combater os demônios, os sumérios se recusam a confiar nos ritos mágicos conduzidos por humanos. A fim de retratar a atividade maléfica dos demônios, encantadores apresentam um diálogo entre o deus Enki e seu filho Asalluhi. Esse diálogo segue um formato padrão, no qual o filho pede socorro ao pai contra os demônios, mas recebe a resposta de que ele próprio pode fazer a mesma coisa que o pai.

Um sacerdote era o responsável por recitar encantações e conduzir os ritos. Muitos deles não eram magicamente definidos e consistiam somente de um sacrifício; no caso do pobre, uma mão cheia de alimento era o suficiente como oferenda. Em todo caso, devemos considerar que nem todos os ritos eram designados a um determinado sacerdote; não existe nenhuma palavra apropriada para caracterizar a atividade desses homens a serviço do indivíduo. Muitos encantadores também eram médicos que também prescreviam medicamentos.

Reis e deuses: o casamento perfeito

Os deuses eram pensados a partir de um Estado real no qual havia funções similares àquelas no palácio de um príncipe de uma cidade terrena. Assim, havia desde administradores de todos os tipos até artesãos divinos. Portanto, o mundo terrestre era compreendido a partir do mundo celestial dos deuses. Ou vice-versa, como vimos, pois era a vida nas cidades sumérias que inspirava as imagens que tinham dos deuses. Para os deuses eram atribuídas funções variando em importância de acordo com seu respectivo *ranking* no mundo celestial. Por outro lado, o príncipe da cidade atingia um *status* especial como o representante terreno do deus da cidade.

Embora os reis da Mesopotâmia procurassem aprovação divina, eles não necessariamente consideravam a si mesmos divinos. Em inscrições, somente alguns nomes de reis são prefixados com o sinal DINGIR, que significa "deus". Naram-Sin, neto de Sargão de Acad, foi no final do terceiro milênio a.C. o primeiro a usar esse título honorífico. Shulgi, rei de Ur, adotou esse mesmo título durante meados de seu reino aproximadamente dois séculos após. Depois disso, foi empregado esporadicamente, embora nunca por Hamurabi (da Babilônia) nem pelos reis assírios ou neo babilônios. Entretanto, eram usadas outras expressões para sugerir divindade: referências à aura radiante do rei ou a ele ser filho de deus. Um provérbio sumério que condensa muito bem esse tema: "o homem é a sombra de deus, mas o rei é o seu reflexo".

Os soberanos seculares exerciam o poder como representantes dos deuses. Um dos seus mais importantes deveres consistia em efetuar cerimônias destinadas a prevenir o mal e a ganhar a boa vontade das divindades. Em maior ou menor medida, era o soberano que controlava os recursos do templo mais importante da cidade. E não nos esqueçamos de que o templo era a instituição mais rica e o principal latifundiário da cidade.

A multiplicidade de deuses do panteão sumério às vezes assusta aqueles de tradição monoteísta. Deuses e deusas que representavam o mundo mais próximo dos fiéis. Deuses e deusas que davam sentido ao cotidiano dos sumérios e indicavam um caminho a ser seguido. Deuses e deusas revestidos de características para que pudessem ver e ouvir, de maneira privilegiada, os hinos e orações dos fiéis.

Palavras como justiça, compaixão e proteção do mais fraco pertenciam ao vocabulário e à piedade religiosa dos sumérios. Todavia, não podemos nos esquecer de que, do ponto de vista político, os reis eram o "reflexo" dos deuses e, por conta disso, não há como negar a religião como instrumento de opressão dos mais fracos.

Bibliografia

BERTMAN, S. *Handbook to Life in Ancient Mesopotamia*. New York: Oxford University Press, 2003.

KRAMER, S., N. *History Begins at Sumer*: Thirty-Nine Firsts in Recorded History. Philadelphia: University of Pennsylvania Press, 1981.

MAZAR, A. *Arqueologia na terra da Bíblia*. São Paulo: Paulus, 2003.

VON SODEN, W. *The Ancient Orient*: An Introduction to the Study of the Ancient Near East. Grand Rapids: Eerdmans, 1994.

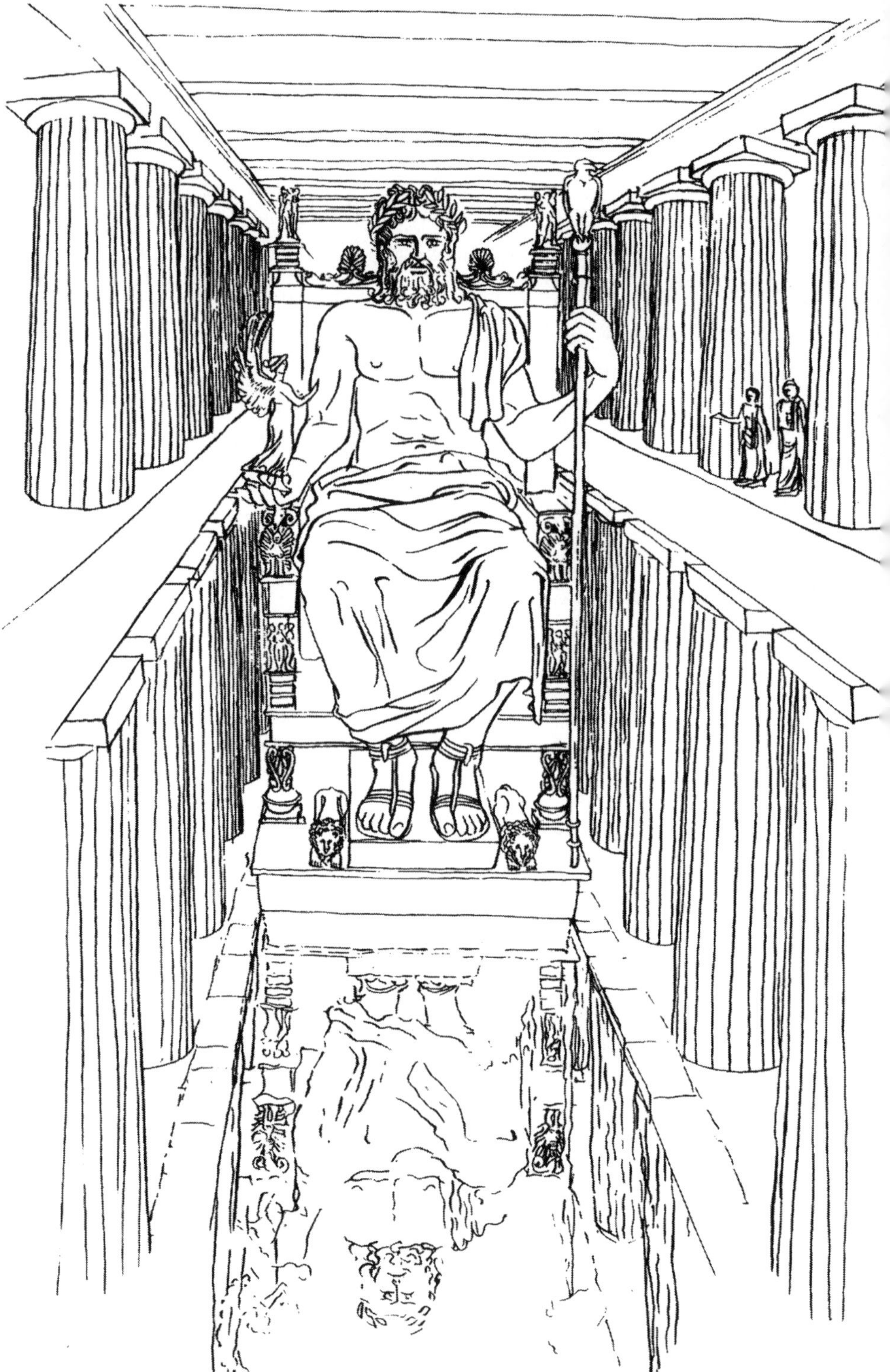

Gregos

Pedro Paulo Funari

Os gregos concebiam o mundo como parte de um relato, o mito. Os mitos tratavam do surgimento do mundo, do seu funcionamento e da sorte dos humanos. Imortais e mortais amavam, sentiam paixões, cometiam erros, vingavam-se. Sua diferença não ia muito além do poder e da eternidade dos deuses diante da fraqueza e da finitude radical dos seres humanos. As forças do amor e do desejo aparecem como componentes da religiosidade.

Os gregos da Antiguidade nunca foram muito unidos. Falavam dialetos variados, viviam em diferentes regimes políticos e sociais, variadas eram suas origens étnicas. Embora sua religião fosse também local e particularizada, havia tanto características compartilhadas como especificidades que nos permitem falar em religiosidades gregas antigas. Neste capítulo, essa diversidade religiosa será explorada, para mostrar o quanto dela ainda nos diz respeito. Mesmo quando completamente estranha para nós – ou baseada em outros valores –, essas experiências continuam a inspirar as gerações posteriores. Ou a causar espanto e admiração ao mesmo tempo. Talvez se possa afirmar que a religião grega, ou seus aspectos e mitos, constitua o fundamento mais sólido da maneira como nós pensamos o nosso próprio mundo moderno. Mais do que qualquer outra religião que o mundo esqueceu, ela surge no nosso cotidiano, tanto em conceitos elaborados (por exemplo, o "complexo de Édipo" da psicanálise), quanto em expressões populares (como "bacanal", que descreve uma festa meio desregrada). O que significavam para os gregos? Como chegaram até nós? O que nos dizem, ainda hoje? Vamos falar sobre isso nas próximas páginas.

Quem praticava a religião grega, e desde quando?

Os gregos nunca constituíram um estado, com fronteiras delimitadas, uma língua nacional, uma capital. Eram definidos, por si mesmos, como os helenos: aqueles que falavam dialetos aparentados e cultuavam mais ou menos os mesmos deuses. Isso significa que, onde houvesse gregos, havia uma certa religiosidade grega. Quando pensamos na Grécia antiga, logo nos vem à mente a cidade-Estado, conhecida por seu nome original: *polis*. A *polis,* contudo, é tardia, tendo surgido nos inícios do primeiro milênio a.C.; muitos gregos viviam em assentamentos humanos que não eram cidades, como os povoamentos ou etnias (*ethnê*). Suas origens, também, são mais longínquas no tempo e variadas do que se pode supor. Desde o início do segundo milênio a.C., existem civilizações que foram as precursoras da Grécia antiga: os minoicos e os micênicos. Estes últimos, em particular, são mais bem conhecidos, tendo nos deixado escritos, em um grego arcaico, que foram decifrados no século XX. Em meados do primeiro milênio a.C., no Peloponeso, floresceu uma civilização centrada em palácios. Nos documentos decifrados, foram encontrados os nomes de algumas das principais divindades gregas clássicas: Zeus, Hera, Posidão, Ártemis, Atena, Hermes, Ares, Dioniso, entre outros. Também, encontraram-se vestígios de templos e referências a sacerdotes e sarcerdotisas, chamados com os mesmos nomes que teriam posteriormente (ijereu, que daria hieros, prefixo que chegou até nós: "hierarquia", poder sagrado).

Na verdade, não sabemos muito sobre a religiosidade nesses séculos. Com o fim da civilização micênica, no final do primeiro milênio a.C., os gregos tardarão alguns séculos a voltar a escrever (1200-800 a.C.). Nesse período, houve a chegada de povos vindos do norte e do leste, que contribuíram para a formação do que seria a Grécia antiga. Os dórios chegam por volta de 1200 a.C. Nos primeiros séculos do primeiro milênio a.C., surgem as cidades (*poleis*), em sociedades aristocráticas e guerreiras, e o início dos jogos olímpicos, em 776 a.C., segundo a tradição, marca a presença da religião como base cultural dos helenos. Essas competições eram reuniões de caráter religioso. A religiosidade grega que conhecemos é essa das cidades-Estados, desde o século VIII a.C., que atinge seu apogeu nos séculos seguintes, mas que continuará até a instituição do cristianismo como religião oficial em 380 d.C.

A religião grega, com suas origens no Mediterrâneo oriental, expandiu-se junto com os colonos gregos no sul da Itália, Sicília e costas da França e da Espanha. A partir das conquistas de Alexandre, o Grande (356-323 a.C.), a religião grega, adaptada por inúmeros povos, atingiu povos do Oriente e do Ocidente. Os romanos adotaram, em particular, muitos mitos gregos, ao seu gosto e maneira. Está na hora de vermos quais as especificidades da religiosidade grega e por que exerce tanto fascínio ainda hoje.

O que era a religião grega?

Religião sem livro sagrado, a vivência espiritual dos gregos baseava-se em algumas crenças que, em grande parte, eram vistas como especulações do ser humano diante do que não sabia explicar. Não havia textos ou sacerdotes que pudessem definir, sem direito a contestação, dogmas. Por isso mesmo, as explicações e os mitos variavam de um lugar a outro, de uma época a outra e mesmo de um indivíduo a outro. As divergências entre as versões dos mitos, que podem parecer ilógicas, resultam, justamente, da crença de que nada está certo de forma segura sobre o mundo dos deuses. Heródoto (século v a.C.) afirma em suas *Histórias* (2, 53):

> Penso que Hesíodo (século VIII a.C.) e Homero (século VIII a.C.) são mais antigos do que quatrocentos anos e que foram eles que criaram a genealogia dos deuses para os gregos, dando um epíteto a cada deus, distribuindo suas funções e suas características, assim como suas aparências.

Dois poetas tudo criaram! Sem ter certeza de nada. Não por acaso, uma premissa básica da religião grega era: "conhece-te a ti mesmo". Isso significava: saiba da sua ignorância e mortalidade (esta a grande certeza).

Chegamos, aqui, a um segundo aspecto essencial: a mortalidade humana e imortalidade divina. Essa divisão era, em princípio, essencial e intransponível. Mas na prática havia dúvida se um humano poderia tornar-se divino ou qual a porção de divino que um homem poderia alcançar. Os heróis eram humanos que, mortos e enterrados, recebiam culto e, de alguma forma (mas só parcialmente), eram deuses. Alguns

Estátua de Kouros Moschophoros representa um homem levando uma ovelha como dom sacrificial.

poucos heróis foram considerados quase deuses de verdade, como Héracles (Hércules) e Asclépio (Esculápio), protetor da saúde. Os deuses tudo podiam, os homens, nada, daí a importância do culto. A morte levaria a uma situação miserável, como está na Odisseia (11, 488-91):

> Não tente falar-me com subterfúgio da morte, glorioso Odisseu. Preferia, se pudesse viver na terra, servir como servo de outra pessoa, como escravo de um sem-terra de poucos recursos, do que ser um grande senhor de todos os mortos que já pereceram.

No dia a dia, as lápides funerárias mostram que era apenas lembrança entre os vivos o que se esperava haver após a morte:

> Se tivesses alcançado a maturidade, pela graça da fortuna, todos antevíamos em ti Macareus, um grande homem, um mestre da arte trágica entre os gregos. Mas, agora, o que permanece é a tua reputação de temperança e virtude. (*Inscriptiones Graecae,* II, 2, 6626.)

Teogonia

A mais consistente descrição das origens dos deuses foi a do poeta Hesíodo (século VIII a.C.). Tudo se inicia com o surgimento espontâneo do Caos, seguido da Terra (Gaia), lugar dos deuses e dos homens, do lugar e deus inferior Tártaro e de Eros (Amor ou Desejo), que permitirá a união de machos e fêmeas (deuses e humanos). Do Caos, nascem o Escuro e a Noite, de cuja união nascem o Brilho e a Luz. Da Terra, surgem o Céu, a Montanha e o Mar. Do cruzamento do Céu e da Terra, nascem doze Titãs, três Ciclopes e três hecatônquiros. Diversos desses personagens representam forças como a Justiça Divina (Têmis) e a Memória (Mnemosine).

O Céu, temeroso de que um dos filhos o fosse destronar, prendeu-os na Terra, o que a incomodava. Ela pediu aos filhos que punissem o pai, mas apenas Cronos teve coragem e, quando o Céu veio para dormir com a mãe-Terra, ele o castrou. O sangue derramado gerou as deusas da vingança (Eríneas ou Fúrias) e dos testículos surgiu a deusa do amor, Afrodite (Vênus). Da noite, por concepção virginal, nascem diversos filhos, como a Morte e o Sono, assim como de Éris nascem a Dor, as Lutas, as Desordens e até mesmo as Narrativas. A Terra cruza com Pontos (o Mar) e gera os antepassados dos seres do mar, como as ninfas do mar (Nereides). A Terra e Tártaro produzem seres como a Hidra e Cérbero. Na família dos Titãs são gerados, entre outros, o Sol, a Lua, a Alvorada, assim como os ventos (Zéfiro, Bóreas, Notos). As origens são, assim, atribuídas a gerações espontâneas ou a casamentos divinos, de modo a explicar o mundo como um todo, do céu à terra, dos ventos aos impulsos humanos.

A ritualidade

Em qualquer tradição religiosa, a maioria das pessoas tem pouco ou nenhum conhecimento dos preceitos teológicos e mesmo os relatos sagrados podem ser apenas parcialmente conhecidos. Os ritos, contudo, constituem a vivência, aquilo que torna vivo o sentimento religioso. Isso era tanto mais verdadeiro para os gregos antigos, pois acreditavam que dos rituais dependesse a sorte dos humanos. Em geral, os ritos existentes levaram os gregos a propor mitos que os explicassem. Daí que os rituais precediam os deuses, o que já nos diz muito sobre sua importância. Tudo girava em torno do altar de sacrifícios (*bomos*), a tal ponto que havia altares sem edifícios, mas nunca o contrário. Os gregos distinguiam três partes mais ou menos sagradas. No centro, havia o lugar sagrado, *hieron*, onde estava o altar de sacrifícios, *bomos*. Em seguida, estava o edifício que recobria bomos e hieron, chamado de *naos*. Englobando altar e edifício, havia uma área cercada, que delimitava o campo sagrado, *temenos*, o terreiro. Este estava marcado por muros ou limites do sagrado, *horoi*, recortando e separando o sagrado do profano. *Temenos* significa "recortado". O centro de tudo era o altar. Assim, havia altares sem construções, mas não tinha sentido um edifício sem altar: não seria sagrado, não seria um templo.

Para os deuses celestes, o sacrificador ficava sobre uma plataforma, onde se cortava o pescoço do animal. Uma parte da carne era queimada para que o odor agradasse ao deus, sendo o restante da vítima consumida. Para os deuses subterrâneos, havia um buraco para se verter o sangue do animal e queimava-se toda a vítima. Os sacrifícios para os deuses e a morte estão contaminados, impuros, como um miasma a ser eliminado, daí que tudo fosse posto ao fogo. Sacrifícios humanos também existiam: um casal de inimigos podia ser morto, como remédio mágico (*pharmacoi*) para os males da coletividade. À exceção do deus infernal Hades, todos os cultos podiam ser celestes ou infernais (*urânios* e *ctônicos*, em grego).

O rito é uma festa

A palavra grega para denominar o sacrifício significa também festa religiosa (*thysia*). Quase todas eram de caráter local, ainda que ligadas a eventos do calendário agrícola, como as festas de renascimento da vida e da vegetação, que marcam o fim do inverno e o início do ano agrícola. Os sacrifícios, parte essencial do culto e das festas, são acompanhados de cânticos, música, de caráter mágico, assim como danças, movimentos ritmados. A pureza ritual podia exigir a abstinência sexual, assim como morrer ou nascer eram considerados tabus e deviam ser evitados. Os nascimentos e mortes infringiam a pureza ritual. Caso houvesse um nascimento ou morte, apesar das precauções, era necessário um ritual de purificação.

A maior parte das festas nos santuários incluía jogos ou competições, o que chamavam de uma disputa (*agon*). Eram artísticas (canto coral de crianças e adultos, de instrumentos musicais), de ginástica e atléticas. Os jogos em honra a Zeus em Olímpia, de todos os gregos, davam-se em volta do templo do deus. Pausânias (século II d.C.) diz-nos que:

> O altar de Zeus Olímpios é constituído das cinzas dos restos das vítimas sacrificadas para o deus. A circunferência na base atinge 38,1 metros, sendo ao alto 9,7 metros, com altura total de 6,7 metros. As vítimas são sacrificadas no nível inferior, mas as partes a serem queimadas são levadas para o topo. Os degraus que levam ao primeiro nível são de pedra e dali até o topo são feitos de cinzas, como o próprio altar. Mulheres e garotas, quando não são excluídas de Olímpia, podem chegar ao primeiro nível, mas apenas varões podem subir ao topo. Mesmo quando o festival não está sendo celebrado, sacrifício é oferecido ao deus por indivíduos e, todo dia, pelos habitantes da cidade de Elea. (Pausânias, *Descrição da Grécia* 5,13,8-11, adaptado.)

Não apenas os jogos eram religiosos, mas também as representações teatrais, tragédia e comédia, tinham esse caráter ritualístico. Dioniso era o deus do êxtase, que significa "estar (*stasy*) fora (*ec*) de si". Era o deus das vinhas e das moças tomadas pelo êxtase: as Mênades. Estava aí a origem das representações teatrais. A saga de Dioniso, retratada tão bem nas *Bacantes*, de Eurípides (século V a.C.), revela bastante sobre a relação dos gregos com seus deuses. Em uma palavra, o deus, tendo sido rejeitado, é apresentado, ao mesmo tempo, como o mais terrível e o mais gentil para a humanidade. Terrível, se não for satisfeito. Gentil, se for cultuado. Como dizem suas devotas, em coro: "abençoado aquele que, feliz, conhece os ritos dos deuses, puro em sua vida, junta-se aos grupos de dança dionisíacos, aquele que celebra os ritos báquicos nas montanhas" (*Bacantes* 72-76, adaptado).

O poder

Os gregos mantinham uma relação ambígua no que se refere ao poder, e o faziam a partir de um questionamento religioso do mundo. Os deuses tudo podem, já o homem está sempre diante da possibilidade de extrapolar, de ser arrogante, descontrolado, desmedido. Chamavam-na de *hybris* (soberba). Para o ser humano, deixar-se levar pela soberba era "não se conhecer a si mesmo", não reconhecer as limitações do humano, à diferença do divino. Édipo é um bom exemplo disso. Laio, rei de Tebas, consulta um oráculo que prediz que ele será morto por seu filho. Com a concordância da esposa Jocasta, seus tornozelos são perfurados (o que lhe resultará em pés inchados: este o significado do seu nome Édipo), e o bebê é exposto às feras. Um pastor escravo de Laio fica com pena, salva o menino e o dá para criar a um pastor de Corinto, que o presenteia ao rei sem filhos, Polibo. Dezoito anos depois, alguém lhe conta que é bastardo, o que o leva ao oráculo de Delfos para saber se era filho legítimo. Ali, ao ser informado de que mataria o pai e casaria com a mãe, decide não retornar a Corinto e dirige-se a Tebas. No caminho, encontra um senhor, tem uma discussão na estrada e o mata. Ao chegar a Tebas, encontra-a tomada de terror pela esfinge que mata todos que não resolvem seus enigmas. Questionado pela esfinge sobre "qual o animal que tem dois, três ou quatro pés, sendo mais lento com três?", ele acerta a resposta: o homem, que usa uma bengala na velhice. Dão-lhe o trono e a viúva Jocasta como esposa.

Tem quatro filhos, mas pragas caem sobre Tebas por uma impureza religiosa. Édipo manda que perguntem em Delfos qual a causa e a resposta é que o assassino de Laio está impune. Édipo amaldiçoa o culpado, quem quer se seja. Jocasta diz a Édipo que não ligue para oráculos. É informado que Polibo morreu e, ao afirmar que não irá a Corinto enquanto a mãe estiver viva, o mensageiro conta que não há problema, pois ela não era sua mãe, visto que ele era adotado. Jocasta percebe o que se passa e se mata. O pastor que testemunhara o assassinato e que sabia que Édipo havia matado o pai volta e, sob ameaça, revela a verdade a Édipo, que vai ao encontro de Jocasta, já morta, retira os fechos da sua roupa e se cega.

Esse mito mostra como as relações de poder estavam no cerne da religiosidade grega. Aparecem a incerteza (*moira*) e o acaso (*tykhe*) – ambos forças mágicas –, mas o tema central é o poder ilimitado e sua punição. O que causa a perdição de Édipo é sua pretensão:

> A desmedida gera a tirania.
> A desmedida –
> Se infla o excesso vão
> Do inoportuno e inútil –
> Galgando extremos cimos, decairá
> No precipício da necessidade,
> Onde os pés não têm préstimo.
> (*Édipo Rei* de Sófocles, 872-878, tradução de Trajano Vieira)

Detalhe do kylix (espécie de cálice) ilustrando o encontro de Édipo com a Esfinge.

Hierarquias

Essa aversão ao poder não significa, contudo, que não houve hierarquias. O culto, tanto doméstico como da cidade, era masculino, mas isso favoreceu o florescimento de uma religiosidade que admitia mulheres e outros excluídos: os cultos de mistério, de cunho salvacionista. O mais famoso, em Eleusis, na Ática, revela suas características principais: secreto, para iniciados, voltado para a fertilidade e a salvação, como diz um fragmento de Sófocles (837): "três vezes abençoados os mortais que, após terem visto os ritos, vão ao Hades. Apenas eles viverão lá, os outros terão todos os males". Era como se os mais excluídos das hierarquias citadinas tivessem nos mistérios uma religiosidade popular que invertia, pela expectativa pós-morte, as relações de poder cotidianas.

Do lado das hierarquias controladas pelas elites, havia o sacerdócio, que não era profissional, mas podia ser mais ou menos hereditário, sendo apenas uma das atividades do sacerdote, cujo nome, *hiereus*, significa apenas "sagrado" ou "consagrado". Deuses costumavam ser servidos por sacerdotes e deusas por sacerdotisas. O sacerdote vivia, no dia-a-dia, longe do santuário e não tinha qualquer vestimenta ou comportamento especial. Só era reconhecido durante a celebração. Como define Platão (*Pol.* 290c8-d2), "os sacerdotes, diz a tradição, dedicam-se a dar oferendas por meio de sacrifícios para os deuses, como querem as divindades, assim como pedem por nós, por meio de preces, para que consigamos boas coisas".

Uma clivagem básica reflete-se na religiosidade grega: seu localismo. Embora houvesse festivais pan-helênicos, os cultos e festividades religiosas eram de caráter local e mesmo familiar, sem que houvesse possibilidade de inclusão dos que estavam de fora. Assim, o culto doméstico nunca incluía os escravos, nem quaisquer agregados. Nos bairros, os cultos só estavam abertos aos cidadãos que lá habitavam, excluídos os escravos e mesmo um cidadão de outro local. Os cultos da cidade excluíam os metecos (estrangeiros residentes). Assim, a hierarquização nós/eles estava presente todo o tempo (à exceção, em parte, dos cultos de mistério) e a religiosidade adquiria características paroquiais. Isso significa que a Atena cultuada em Atenas não era a mesma que recebia culto em outro lugar e que a religiosidade servia para reforçar as desigualdades e as hierarquias sociais.

Como sabemos sobre a religião grega?

Os gregos deixaram-nos muitos livros, alguns deles obras-primas que continuam a encantar e a inspirar. Um grande número deles trata, de uma forma ou de outra, da religião, e constitui fonte primária e de primeira importância para quem quiser ter um conhecimento direto da religiosidade grega. As principais foram traduzidas para o português, algumas em edições muito acuradas e bonitas. A *Ilíada*, de Homero, traduzida pelo poeta Haroldo de Campos, constitui uma porta de entrada privilegiada, assim como duas outras joias, *Édipo Rei*, de Sófocles, e *As Bacantes*, de Eurípides, ambas traduzidas por Trajano Vieira, ou a *Teogonia*, de Hesíodo, traduzida por Jaa Torrano. Na verdade, quase todas as obras de autores gregos tratam, de alguma forma, da religião. Os historiadores não deixam de mencionar a deusa Fortuna, nem os filósofos o deus do Amor (Eros).

Mas não foram apenas os gregos a escrever sobre sua religiosidade: os latinos também o fizeram e são, para nós, guias importantes, pois tudo que estranhavam ou era diferente, eles relatavam. Claro, os gregos nem sempre escreviam aquilo que era óbvio para eles mesmos. Talvez o mais envolvente seja Ovídio, em suas *Metamorfoses*, com tantas historinhas mitológicas, na boa tradução de Bocage. Tomemos cuidado, contudo: como veremos, os gregos nunca tomaram relatos de suas histórias míticas como se fossem um manual, como dá a entender a leitura de Ovídio.

A arqueologia produziu, desde o século XIX, uma infinidade de informações que vieram a complementar, mas também a contradizer, a tradição literária. As escavações trouxeram à luz uma infinidade de inscrições que mostram o dia-a-dia da religião, assim como os edifícios e objetos retratam a imensa variedade e especificidade das práticas religiosas gregas. São dados que podem contradizer os antigos, como no caso mais notável de Dioniso. Considerado pelos antigos o deus vindo do oriente, em época recente, sabemos, por meio da arqueologia, que esse deus já era conhecido em Micenas, muito antes. O melhor estudo a respeito ainda não foi traduzido, o *Ancient Greek Religion*.

Bibliografia

GRIMAL, Pierre. *A mitologia grega*. São Paulo: Brasiliense, 1982.

MIKALSON, Jon D. *Ancient Greek religion*. Oxford: Blackwell, 2005.

ROBERT, Fernand. *La religion grecque*. 4. ed. Paris: Presses Universitaires de France, 1997.

VERNANT, Jean-Pierre. *As origens do pensamento grego*. Rio de Janeiro: Bertrand Brasil, 1996.

________. *Mito e pensamento entre os gregos*. Rio de Janeiro: Paz e Terra, 1990.

Romanos

Renata Senna Garraffoni

O ritual, em sua pompa e circunstância, atua como elemento central do sentimento religioso: cada palavra e cada gesto contam. Há preocupação com a consulta sobre o futuro: fasto e nefasto, bom agouro e mau agouro. As guerras são comandadas pela justiça divina, pela reivindicação do justo, ante a injustiça do inimigo. A luta de gladiadores, em honra dos guerreiros mortos, representa punição da injustiça cometida. A ordem terrestre é comandada pelo respeito à paz dos deuses, aplacados por um culto correto.

Pensar a experiência religiosa é um desafio, em especial quando se trata da vivência de povos tão afastados no tempo e no espaço. Mas mesmo cientes das dificuldades, estudiosos modernos calcados nas ciências humanas, em especial na História e na Antropologia, têm se aventurado a interpretar os fragmentos de discursos deixados por povos antigos na tentativa de compreender a relação que estes mantinham com o sagrado e como vivenciavam o sentimento religioso. Assim, a partir de registros remanescentes dos povos antigos, muitas pesquisas têm indicado a multiplicidade de formas de se relacionar com o divino e de pensar a relação dos homens com a natureza, expandindo as formas de entender a existência humana com seus conflitos, angústias, paixões e sentimentos.

No que tange aos romanos, os primeiros estudos de suas manifestações religiosas foram permeados de tensão, pois a grande maioria dos pesquisadores se baseou em oposições, tecendo diferenças entre cristianismo e paganismo e, quase sempre, privilegiando o primeiro em detrimento do segundo. Assim, no século XIX alguns estudiosos do mundo romano acreditavam que para compreender a religião de um povo era preciso pesquisar as relações que os indivíduos estabeleciam com o divino. Como não havia muitos relatos sobre a experiência religiosa individual entre os romanos, esses estudiosos definiram que era necessário estudar os ritos e sua relação com a política. Assim, em vez de se estudar a experiência religiosa, a grande maioria das pesquisas feitas era sobre os cultos, as instituições, as organizações e as hierarquias entre os sacerdotes, e pouco se comentava sobre os deuses na poesia ou na arte, por exemplo.

Essa linha de pesquisa que enfoca as instituições religiosas e sua manipulação política pela elite ainda permanece no mundo acadêmico. No entanto, com as transformações teóricas e metodológicas nas ciências humanas, em especial a partir do diálogo da História com a Antropologia e a Arqueologia desenvolvido nas últimas décadas, classicistas tem buscado formas alternativas de se entender a religião romana. Um dos avanços é a possibilidade de se estudar o contato com o divino dentro do contexto sociocultural. Essa perspectiva permite rever a separação entre política e religião e, em vez de marcar a dicotomia a partir de uma ideia de manipulação política, abre-se a possibilidade de entendê-las como esferas que compõem a mesma organização cívica. Ou seja, o ato de consultar deuses antes de uma guerra, por exemplo, não é mais entendido somente como uma maneira de legitimar a vontade de luta da aristocracia romana, mas como parte inerente de sua visão de mundo.

Essa nova perspectiva, aliada à ideia de que a religião romana não é algo monolítico, mas sim um amálgama de diferentes tradições religiosas, tem permitido uma interpretação mais dinâmica. É a partir dessa perspectiva que o presente capítulo foi pensando, pois mais do que construir uma visão congelada das instituições, a preocupação central é destacar as diferentes formas de vivenciar a experiência religiosa e os sentimentos que ela propicia. Assim, embora breves, as páginas que seguem são um convite para o leitor perceber a multiplicidade da concepção do divino no mundo romano.

Contextualizando a religião romana

Quando falamos de "religião romana", referimo-nos a uma diversidade de relações com o divino tanto no tempo como no espaço. Isso porque as primeiras manifestações religiosas romanas se encontram atreladas com a fundação da cidade de Roma, por volta do século VIII a.C. e se desenvolvem ao longo de séculos até o final do Império do Ocidente, no século V d.C.

Ao longo de mais de dez séculos, a cidade fundada por Rômulo e situada no Lácio foi habitada por etruscos, liderou exércitos, conquistou territórios longínquos e se transformou em um dos maiores impérios da Antiguidade. Todas essas etapas influenciaram a maneira como os romanos estruturavam sua tradição religiosa e as modificações que foram sofrendo ao longo dos séculos. A partir da influência etrusca, da relação com os deuses dos gregos, com os cultos de mistérios do Oriente e o monoteísmo judaico-cristão, os romanos recriavam sua tradição religiosa, ora aceitando influências estrangeiras, ora rechaçando-as, o que indica sua dimensão política e de identidade cultural.

Um outro ponto importante a ser ressaltado diz respeito à sua origem rural. Em seus primórdios, logo após a fundação de Roma, a comunidade que se formou tinha uma visão particular de religião. Os *pagani* (camponeses, daí o nome paganismo) acreditavam em um equilíbrio entre os poderes divinos, por um lado, e os dos homens e mulheres, por outro. A chamada *pax deorum* é um dos princípios que permanecem entre os romanos atravessando os séculos, pois a ideia de que a benevolência balanceava a natureza divina e humana, gerando harmonia, acompanhou as crenças e práticas romanas por diferentes momentos de sua história.

É nesse contexto, também, que se delineia um outro traço marcante da tradição religiosa romana, sua noção de coletividade. A relação com os deuses nunca era individual, mas coletiva, e o *pater familias* (chefe da família) era o responsável pelo culto aos deuses Lares, função esta fundamental para o desenvolvimento dos cultos aos deuses protetores das casas.

Nesse momento inicial, os romanos não decoravam seus templos e também não possuíam uma mitologia com deuses, mas reverenciavam a força divina como um ato, tanto na natureza como nas atividades humanas. A marca de uma sociedade rural também se destaca nos processos de adivinhação que foram desenvolvidos: a partir de fenômenos insólitos da natureza, uma tempestade, por exemplo, os romanos interpretavam seus significados e desenvolviam práticas para restabelecer o diálogo harmônico entre deuses e homens.

O interesse pelo concreto e imediato também é uma das características da forma de entender o divino e marcava seus cultos. Com o desenvolvimento das cidades, embora o *pater familias* continuasse a ter um papel importante no culto doméstico, outras formas de relação se estabeleceram e foram normatizadas pelo Estado. Perceber essas diferenças no tempo, no espaço e no âmbito rural e urbano é fundamental para entender as concepções de mundo de seus praticantes, tema que discutiremos a seguir.

Os romanos e seus deuses

Se no princípio a religião romana estava fundamentada na necessidade de se manter a harmonia entre os poderes divinos e humanos, a presença etrusca em Roma trouxe mudanças profundas e contribuiu muito para o estabelecimento de novas bases na religião romana. Foi a partir desse contato que se estabeleceu a chamada Tríade Capitolina (três deuses principais: Júpiter – deus da justiça; Marte – deus da guerra; Qurino – deus da união do povo romano) e se desenvolveu a arte da adivinhação.

Detalhes do afresco da Vila dos Mistérios, cena VII, mostrando um culto a Dioniso.

Durante a monarquia, os reis etruscos controlavam o culto público, enquanto o privado seguia dirigido pelo *pater familias.* Como a religião etrusca era revelada por gênios e ninfas e anotada em livros sagrados, foi por intervenção desse povo que os romanos entraram em contato com os livros sagrados e foram dando forma aos cultos urbanos. Entre os livros sagrados etruscos há os que ensinam a arte de examinar as vísceras (*Libri haruspicini*), de interpretar as trovoadas (*Libri fulgurales*) e os livros de rituais (*Libri rituales*) para cada etapa da vida do homem, da sua relação com as cidades, com a morte e a vida além túmulo e sobre as manifestações divinas na terra.

A arte da adivinhação era praticada pelos arúspices, enquanto o culto aos deuses ficava ao encargo dos sacerdotes. Além dos três deuses principais já mencionados, os romanos desse período também cultuavam Jano, que regia os começos e protegia as portas e janelas das casas, e Vesta, responsável por manter aceso o fogo de Roma.

Embora tenha optado por nomear aqui sempre os deuses mais importantes, é preciso destacar que muitos deuses gregos e orientais eram conhecidos pelos romanos nesse período. Afinal, uma das características de sua religião é o reconhecimento da existência de deuses estrangeiros e os romanos acreditavam que quando uma cidade era tomada sua divindade deveria pertencer, também, a Roma.

Com o fim da dominação etrusca, ocorrem várias mudanças no panteão romano. A tríade inicial sofre alterações e, embora Júpiter permaneça, as outras divindades são substituídas por Juno, que simboliza a força guerreira e a fecundidade, e Minerva, a protetora das artes e dos artesãos. Nesse momento surgem as primeiras estátuas dos deuses romanos e os cultos públicos se modificam, assim como os colégios de sacerdotes.

Outra mudança significativa na religião romana ocorre no período republicano. É nesse período que, por meio do contato com os gregos do sul da península itálica, os romanos conhecem os livros Sibilinos, um conjunto de versos que eram consultados e interpretados no período da expansão romana. Além disso, a tríade mais uma vez é reestruturada: Ceres, Líber e Libera formam a nova tríade, profundamente relacionada à noção de fecundidade.

Por se tratar de um período de expansão e muitas guerras, as calamidades e revoltas foram interpretadas e carregadas de significação religiosa. Muitos acreditavam que a *pax deorum* tinha sido rompida e, por isso, cultos estrangeiros passaram a ser controlados, em especial os de mistérios que eram realizados por pequenos grupos aristocráticos. Além disso, o intenso contato com os gregos tornou os cultos mais populares, e a participação não ficou mais restrita às elites.

Por volta de 217 a.C., os deuses gregos e os cultos orientais foram assimilados. Além disso, o epicurismo, o estoicismo, o neoplatonismo e o neopitagorismo começam a fazer parte das reflexões de filósofos e eruditos, dando outros contornos à religião que, até então, estava baseada na noção de benevolência (*pietas*).

Por fim, a outra grande transformação na religião romana ocorreu no período imperial sob o governo de Augusto. Ele estabeleceu uma série de novos templos e conectou o passado ao presente ao reestruturar o culto aos deuses do subterrâneo, do período republicano. Augusto permitiu que florescesse a veneração aos deuses da nova ordem, entre eles Apolo e Ísis, e abriu as portas para a introdução do culto aos imperadores.

Outro aspecto que merece destaque é o fato de que, com a expansão para o oriente, os romanos entraram em contato com outras tradições religiosas, como a pérsica e a judaica. Como essas tradições eram baseadas em noções de dualidade (bem/mal, luz/sombra), os contrastes e diferenças entre as tradições religiosas foram marcados e os conflitos iniciaram, principalmente após o desenvolvimento do cristianismo. Muitas percepções cristãs, como o valor espiritual dos pobres, os dogmas e a noção de pecado, eram alheias aos pagãos, pois no interior do paganismo havia a possibilidade de escolhas e linhas a serem seguidas, mas nada que se comparasse à noção de dogma ou verdade única. Essas diferenças de percepções, atreladas a questões políticas, propiciaram muitos confrontos e mortes ao longo do período imperial, seja de cristãos, seja de pagãos, até que estes últimos foram perseguidos e tiveram seus templos destruídos ao final do Império.

Ritos e práticas

Durante toda a história de Roma, os cultos públicos aos deuses foram realizados por sacerdotes que conheciam suas práticas e os sacrifícios necessários, sendo eles os principais responsáveis pela intermediação entre os homens e o divino. Embora o culto privado conduzido pelo *pater familias* mantivesse sua autonomia ao longo dos séculos, o culto público era realizado por profissionais, em templos específicos, subordinados ao governo romano.

De acordo com Políbio, os acampamentos romanos, bem como o traçado das cidades, possuíam medidas sagradas. Nesse sentido, os primeiros templos, onde se realizavam os cultos públicos, tinham locais pré-determinados para serem construídos, eram quase quadrados e possuíam três compartimentos para abrigar a tríade divina. A única exceção era o templo dedicado a Vesta, protetora do fogo sagrado, que tinha um traçado arredondado. Os primeiros templos eram de madeira e, mais tarde, passaram a ser de pedra.

Tanto no culto doméstico como no público, os sacrifícios e as oferendas foram muito presentes. No caso do primeiro, havia oferenda de alimentos, flores e sacrifícios de animais para os deuses Lares e Penates. No caso dos cultos públicos havia diferentes tipos de ritos e práticas, dependendo do motivo do evento. Entre eles destacam-se os que sacralizavam os tratados de paz ou guerra, os pedidos de proteção aos campos cultivados e os ritos de passagem, como o final de ano, que eram símbolos purificadores e fecundantes do novo ciclo. Em muitos desses ritos, o sacrifício estava presente e era conduzido por sacerdotes que imolavam o animal, separando e queimando as partes dedicadas aos deuses (fígado, pulmão e coração) e destrinchando a carne que seria consumida por eles e seus companheiros em cerimônia privada.

Durante o período imperial, além dos cultos mencionados, também havia os realizados em homenagem aos imperadores divinizados, e cultos de mistérios realizados em âmbito privado, entre membros da elite romana, como o culto à deusa Ísis ou ao deus solar Mitra, de origem persa. É também durante o século I d.C. que surgem os primeiros conflitos com os cultos cristãos, culminado na perseguição de Nero, em 64 d.C., após o famoso incêndio de Roma.

Outras cerimônias merecem destaque. Os matrimônios, por exemplo, sempre evocavam as divindades femininas, como Juno, símbolo da fertilidade. As festividades que ocorriam duas vezes ao ano em honra aos mortos também eram permeadas por sacrifícios. Em 264 a.C., realizou-se um sacrifício humano que consolidou a forma dos combates de gladiadores. Segundo Tito Lívio, historiador romano, os primeiros combates em Roma ocorreram em cerimônia privada, em homenagem ao falecido Jûnio Brutus Pera. No princípio, os combates de gladiadores podem ser entendidos como uma forma de sacrifício humano aos deuses e, aos poucos, modificaram-se tomando proporções de espetáculos grandiosos e profissionais, durante o período imperial.

Marte e Vênus,
afresco de Pompéia.

Os sacerdotes e áugures

Na época republicana havia cerca de 33 deuses romanos, o que exigia uma rede de sacerdotes, provenientes da aristocracia, para cuidar de seus cultos. Eles se reuniam em distintos colégios para interpretar as vontades divinas, cuja tradição remonta à influência etrusca. Embora a maioria dos colégios fosse masculina, o dedicado a Vesta era formado por sacerdotisas. Jovens virgens, escolhidas entre os membros da aristocracia, tinham a função de proteger o povo romano conservando e mantendo o fogo sagrado. Elas tinham que se manter virgens durante todo o período que serviam à deusa e, caso quebrassem a regra, eram punidas com a pena de morte. É importante ressaltar que tanto os sacerdotes como as sacerdotisas eram considerados os responsáveis pela ordem divina, não podendo exercer outras funções administrativas do governo. Na grande maioria dos casos podiam levar uma vida normal dentro da aristocracia, salvo as virgens vestais e os sacerdotes de Júpiter, que tinham relações sociais mais restritas e estavam permeados de tabus.

Havia distintos tipos de colégios que reuniam os sacerdotes e as sacerdotisas. Se no início a função de sacerdote era relacionada aos reis, com o desenvolvimento da religião romana essa estrutura tornou-se mais complexa. Os colégios dos pontífices, por exemplo, eram compostos pelo pontífice máximo, os *flamines* e as vestais. Os pontífices eram responsáveis por criar as leis que mediavam as relações entre os homens e os deuses e, também, as normas entre estado e religião, estruturando o calendário de festas, anunciando os sacrifícios necessários a cada situação, punindo o transgressor com a penalidade de acordo com a infração religiosa cometida, preservando, por fim, a *pax deorum*. Assim, enquanto os pontífices decidiam os atos religiosos, os *flamines* e as vestais realizavam as cerimônias prescritas.

Se, por um lado, o colégio dos pontífices tinha um papel mais normatizador, os dos áugures, por outro, estavam mais relacionados às interpretações das vontades divinas. Esses sacerdotes não previam o futuro, mas sempre consultavam os deuses para saber se a empresa a ser realizada era válida ou não. Assim, a interpretação da vontade divina se dava a partir dos templos e as consultas eram feitas antes de grandes ações, como uma declaração de guerra. Além dos áugures, havia também os arúspices. Figura de grande importância entre os etruscos, os arúspices foram mantidos durante séculos na religião romana e desenvolveram uma função muito particular, a de consultar as entranhas dos animais para interpretar a vontade divina. Enquanto os áugures consultavam os fenômenos da natureza, por exemplo, os arúspices detinham um conhecimento muito específico, ler as vísceras animais, a partir de estudos dos *libri haruspicini*.

Embora o conhecimento da religião etrusca seja muito fragmentado, autores latinos como Sêneca, Plínio, Varrão e Cícero referem-se ao prestígio do pensamento religioso etrusco entre os romanos em diferentes momentos históricos. A partir dessas informações, estudiosos modernos acreditam que esse povo contribuiu muito para o amadurecimento da religião romana. Assim como mais tarde, as tradições orientais também o fizeram, como o culto à deusa Ísis.

O paganismo e seu legado

Os conflitos com os cristãos foram fundamentais para que a tradição religiosa romana pagã encontrasse seu fim. Se no governo de Nero os cristãos eram poucos, entre os séculos IV e V d.C., o panorama era totalmente diferente. Depois que Teodósio declarou o cristianismo a religião oficial do Império, muitos conflitos ocorreram, culminando com as proibições de cultos pagãos. Mesmo que diversos populares permanecessem pagãos e alguns intelectuais, como Zózimo, ainda se mantivessem estudando as filosofias clássicas, templos foram destruídos e, em seus lugares, igrejas foram levantadas.

Esse processo, que atravessou décadas, foi permeado de conflitos, mas também de acomodações. Muitas procissões cristãs lembravam as antigas destinadas aos deuses pagãos. Exemplo disso ocorre com as dedicadas a Maria, pois embora o cristianismo fosse contrário à presença de divindades femininas, as celebrações à figura da mãe de Cristo foram inspiradas em cultos à deusa Diana. Além disso, muitas datas de festividades cristãs estão intimamente relacionadas ao paganismo. Talvez o exemplo mais pujante seja a celebração do Natal e do Ano Novo. A época do Natal está relacionada ao solstício de inverno e a chamada Saturnália e, embora a nomenclatura tenha sido esquecida, o espírito de troca de presentes e comida permaneceu. Por outro lado, o Ano Novo foi estabelecido pelo calendário cristão no período das festas das Calendas de Janeiro, ponto de início da vida cívica e social de cada ano romano.

Esses são apenas alguns exemplos escolhidos para ilustrar as apropriações da nova ordem religiosa. Tais exemplos nos ajudam a refletir sobre a dinâmica das religiões, sua constante renovação e recriação, dependendo do momento histórico. Embora os antigos deuses romanos não façam mais parte de nosso cotidiano, conhecer suas histórias e seus cultos, para além de nos conduzir a um universo temporal distante, também nos ajuda pensar as diferentes formas do tratamento do divino, permitindo um olhar multifacetado sobre as experiências humanas e suas relações com o sagrado.

As fontes

Para estudar a religião romana os classicistas recorrem às chamadas fontes históricas em busca de informações. Essas fontes podem ser divididas em dois tipos: as escritas (textos) e a cultura material (artefatos). Desde a fundação de Roma por volta do século VII-VIII a.C. até a queda do Império no século V d.C., muito se produziu sobre a relação com o sagrado, embora nem tudo tenha sido preservado.

Há momentos em que é possível encontrar documentação abundante e em outros quase não há registros. Um bom exemplo disso diz respeito aos primórdios da religião romana, pois pouco se conhece desse período. Em geral, os raros documentos encontrados são arqueológicos e no que diz respeito aos textos, são relatos bem posteriores, muitos deles escritos durante o período republicano ou imperial. É por essa razão que não podemos pensar a religião romana como um todo homogêneo e linear, mas sim fragmentado e passível de reinterpretação dada a possibilidade de novos achados arqueológicos ocorrerem.

De maneira resumida, gostaria de destacar os principais textos, bem como tecer algumas considerações sobre a cultura material. Entre os autores que se esforçam para compreender a origem dos mitos gregos e sua relação com a religião romana temos Políbio (210-125 a.C.), famoso por seus relatos sobre as Guerras Púnicas, mas que também se dedicou a questões religiosas, e Estrabão (60 a.C.-25 d.C.), geógrafo que se dedicou a descrever os relevos do Império Romano, bem como sua cultura e religião. Cícero (106-43 a.C.) em diversos livros fez um balanço da religião romana, mas é na obra *Sobre a natureza dos deuses* que discute sua percepção da filosofia epicurista e, consequentemente, sua percepção das divindades.

Varrão (116-27 a.C.), outro membro da elite romana do período republicano, também teceu uma série de considerações sobre as antiguidades romanas em seus escritos, enquanto que Sêneca, no século I d.C., ficou muito conhecido por suas reflexões filosóficas acerca da religiosidade. O imperador Júlio César e o historiador Tácito, embora tenham vivido em períodos distintos, o primeiro entre 101 e 44 a.C. e o segundo entre 55 e 120 d.C., discutiram, em suas obras, entre outros temas, as religiões de povos conquistados pelos romanos. César comenta os hábitos, costumes e práticas religiosas dos gauleses, enquanto Tácito nos informa acerca dos germanos. Entre as obras literárias é importante mencionar Apuleio (século II d.C.), que apresenta muitas informações sobre magia e o culto à deusa Ísis em suas obras, e Luciano, também no século II d.C., que introduz aspectos sobre o culto sírio.

História, Geografia, Filosofia, poemas, prosas, sátiras, em todas as fontes mencionadas nos deparamos com reflexões acerca da religião. Embora essas sejam as fontes mais empregadas pelos estudiosos, elas apresentam um limite que precisa ser ressaltado: exprimem a visão de membros da aristocracia romana, em diferentes períodos históricos. A cultura material, por outro lado, nos fornece uma maior diversidade de perspectivas e, por isso, aos poucos, tem sido muito analisada pelos estudiosos. Inscrições, templos, joias, cerâmica, pinturas de paredes, moedas, esculturas, monumentos, cada artefato, em seu contexto, permite interpretar a relação dos romanos de diversas camadas da população com o sagrado. Essa particularidade da cultura material tem multiplicado as possibilidades de entender a religião romana, e os objetos não são mais pensados como meras ilustrações dos textos, mas como artefatos que permitem outras interpretações das relações com o divino.

Foi a partir do estudo dessas fontes que os classicistas produziram as principais interpretações acerca da religião romana presentes nesse capítulo.

Bibliografia:

Eliade, M. *História das crenças e das ideias religiosas*. Rio de Janeiro: Zahar, 1983, t. II, pp. 123-153

________. *O sagrado e o profano*: a essência das religiões. São Paulo: Martins Fontes, 1996.

Grant, M. *History of Rome*. New York: History Book Club, 1978.

Jones, P.; Pennick, N. *A History of Pagan Europe*. London: Routledge, 1997.

Rives, J. B. Roman religion revived. *Phoenix*. Toronto 52, 1998, pp. 345-365.

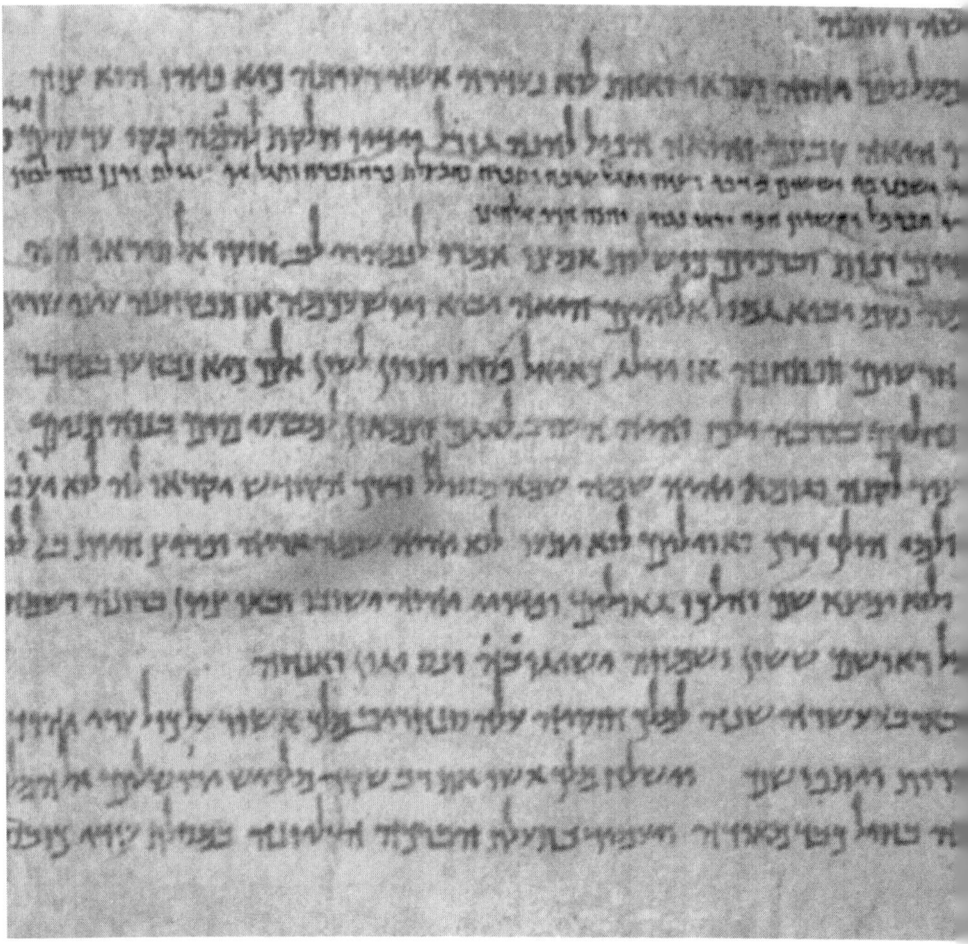

Gnósticos

Paulo Nogueira

A espiritualidade permeia a vida humana. A fantasia serve para levar à sabedoria e à fé. Jesus aparece como um narrador que conta histórias enigmáticas e ambíguas. O corpo e a matéria parecem falsos espelhos de um mundo mais profundo, escondido e prenhe de significados. A alma permanece, ascende a um mundo superior, imune às agruras da carne, sem as dores e os sofrimentos da fragilidade humana. O esoterismo eleva a alma a uma esfera superior e imune aos males da vida comezinha.

O gnosticismo é uma das expressões religiosas mais fascinantes que encontramos na história do cristianismo. Apesar de sua origem obscura e de seus diferentes sistemas complexos, tem uma vivacidade que ainda fascina as pessoas, sejam pesquisadores, sejam leigos que buscam compreender o mistério e o sentido da vida. Talvez um dos atrativos do gnosticismo esteja justamente em sua linguagem simbólica que sempre permite aos intérpretes de diferentes tempos e culturas identificar seus próprios problemas e angústias ante as ambiguidades da existência. Quem não sente certa estranheza e desconforto diante da finitude de nossos corpos, não imagina que nossa verdadeira identidade está além deles, não se sente chamado a um retorno à verdadeira essência de si mesmo ao meditar ou ser tocado por uma obra de arte? Nosso questionamento da morte como limite de nossas existências e do mundo visível como o único real parecem reconhecer a atualidade dos problemas levantados por essa religião antiga.

Falar sobre a origem do gnosticismo é uma tarefa difícil. Não há concordância entre os especialistas sobre esse assunto. Isso se deve em parte à diversidade de textos gnósticos e ao fato de que os gnósticos não escreviam sobre questões concretas, ocultando-se atrás de uma densa linguagem simbólica e mítica. Nada sabemos sobre como se organizavam as comunidades religiosas que costumamos chamar de "gnósticas". Sabemos apenas que algumas se autointitulavam sethianas, ofitas, valentinianas, entre outros termos. Podemos reconhecer algumas características que as distinguem, em especial nos seus sistemas doutrinários, mas quase nada sabemos sobre seus rituais, sistemas de governo e auto-organização, origem social. E o que mais dificulta a pesquisa sobre uma história do gnosticismo como movimento religioso ou conjunto de comunidades é o fato de que temos mais informações a seu respeito por meio de seus adversários do que de seus próprios adeptos. Sabemos que eram numerosos no Egito, ainda que não tivessem se originado lá. Essa popularidade do gnosticismo no Egito aumenta a aura de religião esotérica aos olhos do leitor moderno, uma vez que associamos ao Egito as crenças mágicas e místicas sobre o pós-morte. A popularidade dos gnósticos no Egito pode ser verificada pela veiculação de seus textos em língua copta (língua nativa egípcia naquele momento) e na crítica que os pais da Igreja e os bispos católicos exerciam contra eles. Seus escritos tinham ali se tornado proibidos e em alguns momentos foram queimados. Essa oposição foi tão feroz que a cisão definitiva foi inevitável, isolando os gnósticos das comunidades católicas antigas.

Nesse momento não podemos evitar a pergunta central: os gnósticos eram cristãos? A resposta depende de como avaliamos as origens do gnosticismo e a relação de seus sistemas míticos com as doutrinas que convencionamos de chamar de cristãs. Comecemos pelo último aspecto. Se pressupomos que o cristianismo antigo era organizado em torno de uma única estrutura hierárquica (com bispos) e que fazia referência a um conjunto mais ou menos uniforme de doutrinas e práticas (a trindade, o cânone das escrituras e os sacramentos, por exemplo), optaremos, como consequência, por afirmar que o gnosticismo cria um sistema religioso independente da Igreja antiga. Mas se tivermos uma concepção mais complexa da pluralidade de expressões e práticas no cristianismo antigo, que de forma alguma podia ser restrito a alguns bispos ou ao ensino de alguns pais da Igreja, certamente consideraríamos que os gnósticos eram cristãos, cristãos muito singulares, no limite, mas ainda membros dessa grande variedade de comunidades que convencionamos chamar de cristianismo antigo. O próprio fato de os gnósticos serem combatidos por bispos de destaque do cristianismo ocidental, em especial vinculados à Igreja de Roma, indica que eles se encontravam do lado de dentro da fronteira, tendo se tornado irmãos incômodos devido a sua popularidade. Se os gnósticos eram um fenômeno estranho e incômodo para alguns bispos da Igreja antiga, não o eram para o complexo quadro dos sincretismos orientais no tempo de sua origem. Como já vimos, não há consenso sobre as condições precisas de surgimento do gnosticismo, mas mesmo assim podemos identificar algumas trajetórias. O gnosticismo é fruto dos processos de sincretismo que se deram no Oriente, principalmente nos contatos entre a Pérsia e o mundo grego, e como fruto deste contato maior entre povos do antigo Oriente e o mundo helenista. A religião de Zoroastro, com sua visão de mundo dualista, de luta constante e irreconciliável entre o bem e o mal, entre o salvador Ahura Mazda e o demoníaco Angra Mayniu, influenciou os povos vizinhos e gerou diferentes formas de dualismo.

Podemos afirmar que é na Pérsia que tem origem o dualismo grego que conhecemos mais em sua versão intelectual (mundo das ideias x mundo das sombras e aparências), como na filosofia platônica e em sua versão mais radical no neoplatonismo. Mas não só na Grécia essa visão de mundo dualista se desenvolveu. Ela também foi fundamental para entendermos o judaísmo do Segundo Templo, ou seja, a partir do século IV a.C. Entre os judeus, ele não se transformou em um dualismo como no mundo grego, mas numa narrativa de oposição entre luz e trevas e entre Deus e satanás. Encontramos essas narrativas nos escritos apocalípticos que narram como Deus interferirá no mundo dos humanos dominado por demônios (e pelas potências hostis lideradas por eles) enviando seu messias e seus anjos para as decisivas batalhas escatológicas. Também nessa literatura encontramos relatos de viajantes celestiais que, a despeito dos riscos da jornada, ascendiam aos céus para contemplar o mundo como ele realmente é, ou seja, na perspectiva do trono divino. Esse elemento misterioso, de descortinar o mundo divino e seus planos mais secretos e incompreensíveis, é fundamental para entendermos o movimento religioso que conhecemos como gnosticismo.

Em especial entre o século II a.C. e o século I d.C., com o desenvolvimento da literatura de Enoque, da literatura pseudoepigráfica e de alguns dos Manuscritos do Mar Morto, a apocalíptica judaica foi sendo cada vez mais caracterizada como uma espécie de misticismo de ascensão da alma aos céus para a contemplação de Deus. Esse tipo de religiosidade foi de extrema importância para o surgimento da religião visionária que chamamos de cristianismo primitivo e, mais tarde, no século II d.C., de correntes rabínicas místicas que convencionamos chamar de misticismo das *hehalot*. É no misticismo visionário dos seguidores de Jesus de Nazaré e dos rabinos que encontraremos vestígios desse dualismo oriental que deu os primeiros impulsos para o surgimento do gnosticismo. A mitologia gnóstica é muito complexa e, em alguns pontos, obscura. A dificuldade em entendê-la se deve, em parte, ao fato de que ela é uma paródia da mitologia judaica sobre a origem do mundo, do mal e das estruturas de poder do cosmo.

Ficam, portanto, muitas questões em aberto. Teria havido um mito gnóstico anterior ao cristianismo? Ou o gnosticismo só pode se originar como um desenvolvimento do cristianismo? Quando e onde isso acontece? Sem podermos adentrar nos detalhes da pesquisa e em suas variantes, mencionaremos apenas uma hipótese

que nos parece bastar para essa apresentação do gnosticismo: ele surge no cristianismo da Síria oriental, entre cristãos esotéricos, em processos sincréticos dualistas. Seu primeiro representante, que podemos caracterizar apenas de pré-gnóstico, é o Evangelho de Tomé. Esse texto é de fundamental importância, foi escrito no final do século I d.C. ou no começo do século II d.C. e nos remete ao mundo do Evangelho de João, compartilhando com ele uma estrutura similar de linguagem e de apresentação da figura de Jesus. Devido à importância do Evangelho de Tomé para a pesquisa sobre as origens do gnosticismo, dedicaremos a ele alguma atenção. Apesar do caráter hipotético de toda a discussão sobre as origens do gnosticismo e das incertezas sobre a forma de organização de suas comunidades e suas práticas religiosas, a pesquisa sobre o gnosticismo é provida de farta documentação. Isso se deve em grande parte ao descobrimento fantástico ocorrido em 1945 de um conjunto de 13 códices no alto Egito, datados do século V d.C., próximo a Nag Hammadi. Trata-se de uma biblioteca gnóstica (que passou a ser chamada de biblioteca de Nag Hammadi) que contém traduções de textos gnósticos antigos redigidos em grego para o copta. A biblioteca contém evangelhos, tratados sobre a origem do mundo, obras de caráter filosófico, apocalipses, entre outros, representando uma rica produção espiritual que, apesar de não ter sido composta em sua maioria no Egito, mostra a presença gnóstica naquele país que conhecíamos apenas a partir de fragmentos.

A pesquisa sobre a biblioteca gnóstica de Nag Hammadi está ainda em seus primórdios. A primeira tradução integral para o inglês, organizada por James Robinson, data apenas de 1977 e em vários centros de estudos na Europa e na América do Norte estão sendo produzidas edições críticas, novas traduções e estudos especializados. A grande revolução trazida por essa descoberta é nos permitir conhecer um grupo representativo do cristianismo antigo a partir de suas próprias afirmações, em vez das duras críticas que recebiam dos pais da Igreja, como Irineu de Lion.

Passaremos agora à apresentação dos temas gnósticos por meio de suas fontes. Duas delas procedem da Biblioteca Gnóstica de Nag Hammadi e a outra de um escrito com traços gnósticos que gozava de certa popularidade na Igreja oriental. Iniciaremos nossa pequena jornada com o Evangelho Copta de Tomé, depois passaremos à Canção da Pérola, contida no apócrifo Atos de Tomé e, por fim, o tratado Hipóstase dos Arcontes. De forma alguma pretendemos abordar todos os temas centrais do gnosticismo. Mas ao selecionar esses três textos, cremos oferecer uma pequena amostragem de seus gêneros literários e temas centrais, sem reduzir o gnosticismo a um sistema fechado e indistinto.

Evangelho de Tomé: conhecimento dos mistérios do Cristo, retorno à luz e superação dos duplos

O Evangelho Copta de Tomé é talvez a obra mais importante encontrada entre os códices de Nag Hammadi. Com a descoberta dessa biblioteca tivemos finalmente acesso a um evangelho antigo do qual tínhamos notícia apenas por fragmentos escritos em grego. Não se trata de uma obra explicitamente gnóstica. Em seu caso faltam alguns dos traços característicos desse grupo, como: dualismo, explicitação do mito do retorno da alma, os seres divinos intermediários da criação, entre outros. Trata-se de uma obra que nos permite observar a passagem de crenças antigas do cristianismo primitivo para uma linguagem esotérica, iniciática, dualista. Essa obra mostra parte do processo de construção de uma cristologia sem referências à história concreta de Jesus de Nazaré. Cristo aqui ainda não profere longos discursos, mas seus ditos, num total de 114, são todos enigmáticos e ambíguos. Trata-se de um Cristo que não fala às grandes multidões, mas aos seus escolhidos, e de uma forma que exige deles as chaves interpretativas que permitem entender o sentido profundo de suas palavras.

Um pouco do teor enigmático desse evangelho encontramos em sua introdução e em seus primeiros ditos:

> Estas são as sentenças ocultas que o Jesus vivo pronunciou e Judas Tomé, o Gêmeo, registrou. "Quem quer que descubra a interpretação destas sentenças não provará a morte."
>
> Jesus disse: "Que aquele que procura não deixe de procurar até que encontre. Quando encontrar, ficará perturbado. Quando estiver perturbado, ficará maravilhado e dominará tudo." (1-2)

As palavras de Jesus são caracterizadas como "sentenças ocultas", registradas por Judas Tomé, o Gêmeo. Trata-se de referência ao discípulo que foi escolhido pelo cristianismo da Síria oriental (Edessa) para ser o porta-voz desse Jesus esotérico. Assim como Pedro era considerado na Igreja antiga, em especial no Ocidente, a testemunha fundante da vida e das palavras de Jesus, Tomé era considerado pelo grupo que o escolheu o portador dos ditos do sentido oculto. As palavras que seguem indicam nessa direção ao afirmar que a ação que desencadeia a salvação é a interpretação. O que assim procede não provará a morte. Essa afirmação inocente na verdade marca diferenças entre o cristianismo que tem como centro a cruz e sua pregação e esse grupo que desponta como intérprete de uma tradição oculta, registrada por Tomé.

O Evangelho de Tomé ainda segue a antiga tradição de evangelhos que não fazem referência às narrativas da paixão de Jesus e sequer à sua ressurreição. Para Tomé isso é um pressuposto. Quem fala é o "Jesus vivo". A salvação não se dá pelo batismo ou pela participação na eucaristia, tampouco em crenças vinculadas ao seu sofrimento e morte, mas tão-somente na compreensão privilegiada do sentido oculto de suas palavras. Vemos aqui refletida uma postura imediatista, que contesta as mediações históricas, eclesiásticas e rituais. Trata-se de descobrir o oculto e gozar de vida eterna com aquele que pronunciou os ditos e ainda vive. Notemos que o dito seguinte pode estar apontando para as gradações do processo de obtenção do conhecimento. O que busca deve persistir: "não deixe de procurar". Ao encontrar ficará "perturbado", depois "maravilhado" e por fim "dominará", ou seja, alcançará o Reino. Não temos aqui referência a um sistema de crenças e doutrinas gnósticas. Não devemos pressupor em Tomé temas que só encontraremos em tratados gnósticos redigidos cerca de cem anos depois. Tampouco podemos deixar de perceber as primeiras transformações na linguagem desse grupo cristão que o direcionará a uma abordagem totalmente diferente do que a Igreja antiga tinha como referencial.

Nessa perspectiva, de considerar Tomé um evangelho de transição, leremos os ditos 49 e 50:

> Jesus disse: "Felizes aqueles sozinhos e escolhidos, pois encontrarão o Reino. Vocês vieram dele e retornarão a ele."
>
> Jesus disse: "Se lhes disserem: 'De onde vieram?' digam-lhes: viemos da luz, do lugar onde a luz surgiu por si, estabeleceu-se e apareceu em sua imagem'.
>
> Se lhes disserem: 'Ela é vocês?' digam: 'somos seus filhos e somos os escolhidos do pai vivo'. Se lhes perguntarem: 'qual é a evidência do pai em vocês?' digam-lhes: 'é movimento e repouso'."

Aqui encontramos um indício de transformação de um tema caro ao judaísmo do período, assim como ao cristianismo primitivo: a ascensão da alma aos céus se transforma em retorno da alma aos céus, dando assim um dos impulsos mais importantes para o desenvolvimento do gnosticismo. Nos textos da apocalíptica judaica e dos primeiros cristãos, em narrativas fantásticas como as que encontramos em 1 Enoque, 2 Enoque, na Escada de Jacó, Apocalipse de Abraão, nos Cânticos do Sacrifício do Sábado de Qumran, no Apocalipse de João e na Ascensão de Isaías, entre outros, profetas e homens santos ascendem em transe para os céus para contemplar os mistérios divinos, as hostes de anjos, e o mais importante, o trono de Deus e o seu culto nos céus. Trata-se de um tema literário da maior importância para entendermos também os relatos de ascensão de Jesus aos céus, da expectativa de que todos os justos serão elevados após a morte, de que é nos céus que o verdadeiro reino se instalará. Mas em momento algum os apocalipses e relatos de ascensão da alma fazem referência a uma origem divina do visionário, a um retorno dele ao lugar de onde teria partido um dia. Isso seria considerado uma blasfêmia. Pelo contrário, eles ocultavam os nomes dos visionários por detrás de nomes de grandes personalidades do passado. Quem ascendia aos céus, e às visões de quem fazia referência? Homens santos da grandeza de um Enoque, Abraão, Ezequiel, Isaías etc. E mesmo assim eles passavam por transformações de seus corpos. Enoque foi transformado em um anjo, Isaías recebeu uma veste apropriada e assim por diante. Mas o mundo celestial é descrito como ameaçador e terrível. Em Tomé pela primeira vez temos o conceito de retorno da alma à sua origem, de retorno ao pai. Mas ainda fazendo referência ao tema tradicional da ascensão da alma. Não se trata ainda de uma mera recordação, mas de ascensão. E as três perguntas ("de onde vieram?", seguidas de outras duas) podem aludir ao pedido feito pelos anjos por senhas para a continuação das viagens celestiais, conforme encontramos nos escritos místicos dos rabinos do século II d.C., mas aqui novamente transformadas, pois as respostas todas não aludem à alteridade e ao medo do viajante e sim à sua origem divina, ao fato de que retorna ao pai, à sua casa.

Mas esse retorno não é descrito no tempo e na história. Ele é circunscrito à alma do que retorna.

> Seus seguidores disseram-lhes: "Quando o repouso para os mortos ocorrerá e quando virá o mundo novo?"
>
> Ele lhes disse: "O que vocês esperam já veio, mas vocês não o conhecem."
>
> Jesus disse: "Olhem para aquele que vive enquanto vocês viverem, ou podem morrer e então tentar ver aquele que vive, e não conseguirão vê-lo."

Fica aqui marcada mais uma diferença em relação às crenças escatológicas judaicas e cristãs primitivas. Afinal, o retorno já aconteceu. Se deixado para depois, estará perdido. O tempo dos gnósticos é um sempre e agora, constituindo-se na verdade em uma ilusão, pois o que se busca já está ali desde sempre dentro dele, da pessoa que busca.

Uma temática também importante e nova no Evangelho de Tomé em relação aos evangelhos mais antigos é a da superação dos duplos e dos contrários: tudo deve retornar ao uno, à sua verdadeira essência. Esses duplos serão superados já na relação com o salvador, com o qual o crente se tornará uno: "Jesus disse: 'Quem beber de minha boca se tornará como eu; eu próprio me tornarei essa pessoa, e as coisas ocultas serão reveladas para essa pessoa'" (108).

Há uma ênfase no "quando de dois fizerem um", entendida como superação da dualidade corpo–espírito e mulher–homem, sempre em favor dos últimos.

> Jesus viu algumas criancinhas. Disse ele a seus seguidores: "Essas criancinhas são como aqueles que entram no Reino."

> Eles lhe disseram: "Então devemos entrar no Reino como criancinhas?"
>
> Jesus lhes disse: "Quando de dois fizerem um, e o de dentro for como o de fora, e o de fora for como o de dentro, e o de cima for como o de baixo, e quando de homem e mulher fizerem um só, então o homem não será homem nem a mulher será mulher, quando puserem olhos em lugar de um olho, uma mão em lugar de uma mão, um pé em lugar de um pé, uma imagem em lugar de uma imagem, então vocês entrarão no Reino." (22)

Notemos a semelhança que esse diálogo entre Jesus e seus discípulos tem com a narrativa mais antiga do Evangelho de Marcos (10,13-16):

> Apresentavam-lhe umas crianças para que as tocasse; mas os discípulos ameaçavam os que lhas apresentavam. Vendo isto, Jesus ficou muito desgostoso e disse-lhes: deixai vir a mim as crianças, não as embaraceis, porque dos que são como elas é o Reino de Deus. Em verdade vos digo: todo o que não receber o Reino de Deus como um menino, não entrará nele. E abraçando-as e impondo-lhes as mãos, as abençoava.

Tomé retoma o tema do tornar-se criança, mas o transforma em um apelo para a superação das dualidades. O ser infantil é entendido como o ser original, sem os desdobramentos nos duplos antagônicos que constituem a ilusão do mundo. Entender a realidade é olhar para além das aparências que a constituem. Aqui cabe também observar que não se trata apenas de superar a aparência dupla da realidade, mas de superar a carne e o corpo:

> Jesus disse: "Se a carne foi criada por causa do espírito, isto é uma maravilha, mas se o espírito foi criado por causa do corpo, isto é maravilha das maravilhas. No entanto, maravilha-me como essa grande riqueza veio a estar nesta pobreza." (29)
>
> Jesus disse: "Como é deplorável o corpo que depende de um corpo, e como é deplorável a alma que depende desses dois." (87)

Ainda não temos em Tomé um dualismo essencialista, que considera má toda a matéria, mas nesses versos é retratado o desprezo pelo corpo diante das coisas do espírito.

Fizemos uma seleção de ditos de Jesus que criam a ponte entre o Evangelho de Tomé e o gnosticismo propriamente dito. Não que Tomé seja o criador do gnosticismo, mas ele representa uma mentalidade religiosa que está incomodada com a existência mundana, que está em crise com a corporeidade, com diversas formas de realidade, que reflete o sagrado como um não ao mundo visível e palpável, que busca o sentido por detrás da letra, o oculto por detrás da superfície. E tudo isso num período histórico e num contexto geográfico muito próximos do mundo de Jesus de Nazaré e seus seguidores.

A Canção da Pérola (Atos de Tomé): a alma perdida e seu retorno à origem

No Evangelho de Tomé, apesar de sua importância, não pudemos nos deparar com um dos elementos mais interessantes do gnosticismo: a narratividade. Nesse tipo de cristianismo, que não desenvolveu sistemas doutrinários abstratos, seus ensinamentos sobre o destino da alma, das ações redentoras de Deus e de seus auxiliares são enquadrados em narrativas fantásticas, como a Canção da Pérola. Ela é uma narrativa mítica que descreve a origem, a jornada, seus perigos, a luta contra o mal e o retorno da alma. Ao contar a história de um jovem príncipe oriental enviado ao Egito para resgatar uma pérola preciosa, o mito narra as aventuras da alma humana no mundo de aparências e de riscos de perdição no mundo sensório. Trata-se de uma narrativa à qual se aplica bem a estrutura do mito da jornada do herói. Seu conforto inicial é desafiado com uma missão. Ele parte para uma viagem repleta de privações. Desafia o mostro e o vence, roubando-lhe algo precioso. E, por fim, retorna transformado para a sua origem.

Devemos advertir que, no entanto, a Canção da Pérola não descreve a história de Cristo ou dos cristãos, mas é uma narrativa discreta em relação a elementos doutrinários ou edificantes. Ela oferece mais uma narrativa estruturadora, por meio da qual as pessoas podiam ler e enquadrar suas próprias vidas e desafios. Por essa aplicabilidade existencial, a Canção da Pérola gozou de muita popularidade, não só entre cristãos gnósticos, e foi inserida no livro apócrifo Atos de Tomé. Isso comprova a antiguidade desse mito, que remonta talvez ao século II d.C. Vamos à sua estrutura e temas principais:

Um jovem príncipe oriental é enviado por seu pai para o Egito para lá buscar uma pérola que está junto a um ameaçador dragão.

No início de sua jornada ele é despido de sua roupa ricamente ornada. Este é um tema recorrente na narrativa: uma vestimenta que representa a pertença ao palácio real, uma vestimenta que é tirada, mas que se recupera no final da jornada. Merece destaque também o fato de que o jovem tem sua origem incutida ("escrita") em sua mente. Essa lembrança fará toda a diferença ao longo de sua jornada. Ele é acompanhado no caminho por dois guias e por um irmão.

Chegada ao Egito, escravidão e esquecimento.

Abandonado pelos guias na chegada ao Egito, o rapaz vai até o dragão esperando o momento certo para roubar-lhe a pérola. Ali se encontra com um primo distante que lhe faz companhia. Ele exorta seu primo a cuidar-se das impurezas dos egípcios. Mas ao provar de sua comida ele se esqueceu de sua origem real e caiu em um "profundo sono".

Resgate e êxodo do Egito.

Os pais do jovem, sabendo do que lhe ocorrera, decidiram enviar uma carta cujo teor é do maior interesse para compreender o gnosticismo:

> Ao nosso filho, no Egito: Paz!
> Despertai e tornai-vos sóbrio de vosso sono.
> Ouvi as palavras escritas nesta carta.
> Lembrai-vos de que sois filho de reis.
> Caístes sob um jugo servil.
> Trazei à mente a vossa roupa entremeada de ouro.
> Trazei à mente a pérola pela qual fostes enviado em missão ao Egito.
> Vosso nome tem sido chamado para o livro da vida [...]. (110,43-47)

Quando o jovem recebeu a carta, estremeceu isso porque tudo o que ali fora escrito já estava em seu coração. Ele se lembrou de ser filho de rei e que tinha recebido a missão de roubar a pérola do dragão. Após esse despertar, roubou o dragão e iniciou seu retorno à casa paterna: despiu-se da roupa suja, tomou a estrada que conduzia ao Oriente, sendo orientado por uma personagem feminina, passou pelo labirinto e, finalmente, chegou ao seu lar.

Mas sua recordação ainda não havia sido completa, pois saíra da casa dos pais muito jovem e não tinha lembrança de todo o seu esplendor. E aí ele teve uma visão iluminada:

> [...] vi minha roupa refletida como se num espelho,
> Percebi nela o meu eu inteiro também,
> E através dela reconheci e vi a mim mesmo.
> Pois, embora nós derivássemos de um único e mesmo, estávamos parcialmente divididos; e aí, de novo éramos um, com uma única forma. (112,76-80)

A iluminação que acontece em consequência do retorno e da recordação traz de volta a vestimenta – aqui símbolo de identidade –, o reconhecimento de si mesmo, assim como a superação do duplo na recuperação da forma única. A narrativa segue com uma bela descrição da vestimenta do jovem e do conhecimento por ele recobrado.

Ascensão ao reino.

Após vestir o manto, o jovem é elevado ao "reino de paz". O jovem se prostra diante do seu rei e pai e é por ele recebido. Ele pode ser introduzido na corte real para, finalmente, lhe entregar a pérola.

Esse belo mito contém alguns dos mais importantes temas do gnosticismo, como pudemos ver. Nele a existência humana é apresentada como uma missão, cujo conteúdo é recobrar a origem divina e cultivar o caminho de volta a ela. Isso acontece ao prestar atenção às mensagens enviadas por Deus, às instruções dos guias religiosos e a uma postura de manter-se puro no mundo.

Até aqui parece que listamos ensinamentos religiosos comuns. Mas não é bem o caso. Essas crenças que constituíam o quadro da escatologia pessoal dos gnósticos, ou seja, o sentido e o destino da vida do iluminado, os distanciavam de crenças de outros grupos cristãos, em especial do catolicismo antigo. Neste, Deus era considerado um ser totalmente diferente do ser humano, sua criatura. Marcado essencialmente pelo pecado original, jamais se atreveria a afirmar que procede de Deus, ainda que originalmente seja sua "imagem e semelhança". Se, para ambos, Deus e o universo dos humanos são divididos radicalmente devido à ausência de pecado na divindade, no gnosticismo é a condição de exílio da alma que os divide.

Mas, no fundo, os seres humanos trazem dentro de si as fagulhas que os fazem lembrar de Deus como sua origem. Pode-se dizer, resumindo, que, se por um lado os gnósticos têm problemas com o mundo material e sensorial, por outro cultivam uma relação de maior proximidade entre a alma humana e Deus. Se no cristianismo ocidental a missão de Cristo como redentor era propiciar por meio do sacrifício de sua vida a redenção dos pecadores, no gnosticismo ele é um guia salvador que lembra os filhos esquecidos e perdidos de sua origem divina.

Hipóstase dos arcontes: a história da criação além do criador

Nesta apresentação panorâmica do gnosticismo queremos ainda fazer referência às suas crenças sobre a origem do mundo, a criação do homem e as hierarquias divinas celestiais. Essas ideias são apresentadas detalhadamente nas narrativas contidas nos escritos *Sobre a origem do mundo* e a *Hipóstase dos arcontes*, ambos preservados na Biblioteca Gnóstica de Nag Hammadi. Por se tratar de cosmogonias complexas, repletas de personagens obscuros e de complexos narrativos por vezes enigmáticos, optaremos por mostrar uma estrutura simplificada da última e, em especial, a parte chamada de "Narração de Norea".

Esse texto contém a mensagem proferida pelo grande anjo Eleleth a Norea. Ele anuncia o limite do poder dos governantes (os arcontes) e o fato de que "no fim dos tempos" eles serão dominados. Norea lhe pergunta sobre a origem desses governantes do mundo. E ele responde contando que Sophia (Sabedoria), também chamada de Pistis (Fé), um ser da alta hierarquia celeste, quis criar algo sozinha. Mas seu plano de criação falhou, pois a sombra do mundo celestial projetada na terra transformou-se em matéria. E dela surgiu um ser andrógino e arrogante, Ialdabaoth, que blasfemava dizendo: "Eu é que sou deus, e não há nenhum outro além de mim." Ao dizer esta blasfêmia ele pecou contra o céu, sendo chamado de Samael, "deus dos cegos". Ao desafiar Sophia dizendo "se qualquer outra coisa existe antes de mim, que me apareça", ela imediatamente apontou o dedo para baixo e introduziu luz na matéria. O andrógino Ialdabaoth começou a criar o seu reino e a gerar filhos para si mesmo, numa totalidade de sete governantes iguais a si mesmo (arcontes). Quando ele, novamente blasfemando, disse "eu é que sou o deus da totalidade", Zoe (vida), filha de Pistis Sophia, o repreendeu, o atou e o lançou no abismo. Quando Sabaoth, filho de Ialdabaoth, viu o poder de Zoe, ele rejeitou seu pai e sua mãe, a matéria. Vendo isso, Sophia e Zoe o nomearam encarregado do sétimo céu que fica abaixo do véu que separa o mundo superior do inferior. Ele por sua vez fez para si um trono e criou anjos para servi-lo. E Zoe ficou encarregada de ajudá-lo, instruindo-o sobre as coisas referentes ao oitavo céu. Ialdabaoth, vendo tudo de baixo, foi tomado de inveja. E ele gerou a morte, que gerou filhos e todos esses invadiram o céu. O texto diz que isso foi segundo a vontade do Pai da Totalidade, para que "a soma do caos" fosse atingida.

Após essas revelações, Norea ficou ansiosa, pois ela também procedia da mesma matéria que os governantes. Mas Eleleth a corrige:

> Tu e teus filhos pertencem ao pai primevo; do alto, da luz incorruptível, vieram suas almas. Assim as autoridades não podem aproximar-se delas por causa do espírito de verdade presente dentro delas; e todos os que travaram conhecimento com este caminho existem imortais no meio do gênero humano moribundo. (96,17-26)

Essa afirmação do anjo é muito importante, pois a Norea, um ser celestial, são comparados os seres humanos que "travaram conhecimento (*gnosis*)". Eles são os que contam com proteção contra os governantes do mundo. Finalmente, esses seres humanos são apresentados como os do fim dos tempos, até o momento em que o verdadeiro ser humano, dentro de uma "forma modelada, revele a existência do espírito de verdade, que o pai mandou". Essa mitologia de origem do cosmo é surpreendente, pois apresenta alterações decisivas em relação aos mitos de origem da apocalíptica judaica. Nos apocalipses judaicos, em especial no primeiro livro de Enoque, o mal é introduzido no mundo por anjos que desejavam as mulheres e que com elas geraram filhos. Aqui temos um tema pré-gnóstico, em que seres angelicais foram dominados por desejos humanos. Mas não há ainda uma oposição dualista entre matéria e espírito. O que constituía o pecado desses anjos era o abandono de suas funções e as relações híbridas entre os seres celestiais e os humanos. É importante notar que o Deus que habitava nos céus, visitado por Enoque em sua viagem celestial era Ele mesmo o criador do cosmo. Se por um lado esses anjos decaídos foram encarcerados no abismo, devido ao abandono dos céus, por outro lado os demais anjos continuaram responsáveis pela criação e pela manutenção dos planos de justiça de Deus no mundo. Já na cosmologia gnóstica o mundo foi criado por engano, aconteceu em decorrência da sombra projetada por Pistis Sophia. E na criação do cosmo não há qualquer participação do Pai da Totalidade. E Ele, por essência, não poderia tomar parte na criação, pois Ele é de cima, afinal: "Existe um véu entre o mundo de cima e os reinos (*éons*) que estão embaixo; e sombra veio a existir sob o véu; e essa sombra se tornou matéria; e essa sombra foi projetada à parte" (94,8-14). Aqui a criação do cosmo é uma sombra da luz e nunca fruto da vontade dos seres espirituais.

O dualismo gnóstico se torna ainda mais radical no gnosticismo quando ele apresenta o deus criador, agora caracterizado como um usurpador, que se autoproclama deus, Ialdabaoth. Salta aos olhos o jogo feito com o nome da divindade judaica Javé Sebaoth. Ainda que chamado pelos cristãos como Pai ou Deus Pai, Javé é incontestavelmente reconhecido como o pai de Jesus e como o criador do mundo. No gnosticismo, no entanto, o deus supremo é o Pai da Totalidade, cercado de figuras divinas femininas como Pistis Sophia, Zoe, Norea. Mas o deus criador é um governante subalterno e invejoso. É ele quem cria a matéria e quem cria o ser humano, conforme narrado em Hipóstase dos Arcontes 86, 20-89, 29, ainda que seu espírito seja divino. É também surpreendente a cena em que Sabaoth, o filho de Ialdabaoth, se arrepende de ter participado da revolta dos governantes e é transformado em senhor do sétimo céu, onde governa cercado de anjos e servos. Essa seria uma boa forma de diferenciar o Deus criador do Antigo Testamento do Deus razoavelmente bondoso dos cristãos; claro, dos cristãos ainda não iniciados no verdadeiro conhecimento (gnosis) sobre as coisas celestiais, que adoram um governante (*arcon*) como o Deus verdadeiro. O mundo espiritual, não contaminado pela matéria, local de retorno dos espíritos, situa-se acima dos sete céus, no oitavo e nono céus. Ou seja, o gnosticismo é de um dualismo tão radical que sequer aceita a ideia dos místicos judeus e cristãos que promovem a ascensão da alma para contemplar o Deus santo e separado do mundo e dos seus males. Esse é reduzido à divindade mais alta de uma hierarquia relativa, do mundo "de baixo". O verdadeiro céu onde havia o Pai da Totalidade está localizado no nono céu, aonde o Deus dos judeus e dos cristãos não gnósticos não tem acesso.

Reflexos

Fizemos uma apresentação do gnosticismo que não faz jus à complexidade de seus escritos e sistemas doutrinários. Ao escolhermos, por exemplo, a *Hipóstase dos arcontes* como referência para as crenças na origem do cosmo, deixamos de lado outros escritos igualmente importantes, e que contêm narrativas ainda mais completas, com personagens não citados aqui. Mas preferimos abordar, ainda que brevemente, textos específicos para ilustrar crenças dos gnósticos do que apresentar um resumo de doutrinas sem seu quadro mítico-narrativo. Mas saiba o leitor que há muitas variações de ações, sequência de ações e personagens. Tampouco o gnosticismo se constituiu num conjunto homogêneo de doutrinas.

O estudo do gnosticismo ainda vem sendo feito, como apontamos anteriormente. As fontes foram descobertas e publicadas apenas recentemente e certa má vontade contra esse tipo de cristianismo está sendo lentamente superada. Lembremos que essa expressão religiosa sempre foi considerada pelos pais da Igreja e pela historiografia como uma das mais perigosas heresias. Pode-se dizer que os cristãos gnósticos foram realmente odiados na história. Tanto que boa parte da pesquisa lhes rejeita a designação de "cristãos", ainda que entre outras expressões religiosas e práticas sociais de grupos designados como tais haja diferenças enormes. Há também uma suspeita, a meu ver pouco fundamentada, de que se tratasse de um grupo elitista, pois pareciam promover debates especulativos desligados de qualquer vínculo social. Mas o fato é que uma perspectiva histórica ampla precisa encontrar uma forma diferente de lidar com esse tipo de cristianismo que fascinou gente da Mesopotâmia ao norte da África, por muitos séculos.

Ideias gnósticas ainda influenciam novas simbologias esotéricas e expressões religiosas em diferentes contextos. Há em largos estratos da piedade cristã um grande desconforto com o corpo e com a sexualidade. Ainda que não seja uma ênfase dos textos bíblicos, muitos leem a Bíblia de forma dualista e promovem práticas de desdém à matéria, ao meio ambiente, às expressões corporais. Guardadas as proporções, podemos questionar se movimentos religiosos que consideram a vida verdadeira como a vida do espírito, a vida no além-morte, em crenças como a reencarnação, não partilhariam ao menos de algumas estruturas comuns com o gnosticismo.

Bibliografia

KOESTER, H. *Introdução ao Novo Testamento*. São Paulo: Paulus, 2005, v. 2: História e literatura do cristianismo primitivo.
KUNTZMANN, R.; DUBOIS, J.-D. *Nag Hammadi*: o Evangelho de Tomé. São Paulo: Paulinas, 1990.
LAYTON, B. *As escrituras gnósticas*. São Paulo: Loyola, 2002.
MEYER, H. *O Evangelho de Tomé*. Rio de Janeiro: Imago, 1993.
ROBINSON, J. M. *A biblioteca de Nag Hammadi*: a tradução completa das escrituras gnósticas. São Paulo: Madras, 2006.

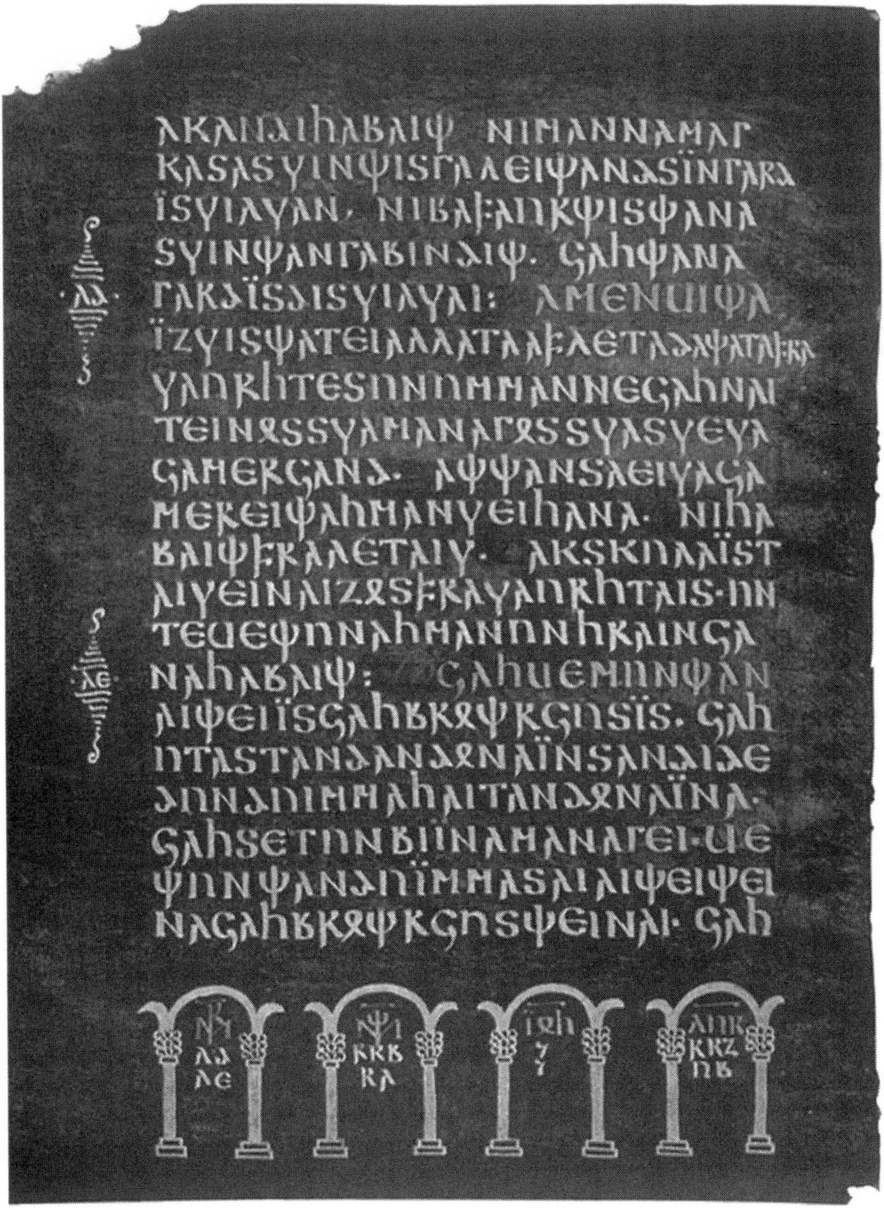

Arianistas

Julio Cesar Magalhães

Como conciliar um só Deus com uma segunda divindade, Cristo Salvador? Como acreditar em um só Deus e aceitar a divindade de Jesus? Essas foram inquietações dos primeiros séculos do cristianismo. Para os arianistas, havia um só Deus. Cristo seria apenas a palavra, o verbo, o *logos* divino. Um instrumento, nas mãos do Deus único e inefável. Cristo apenas instrumento para a sua mensagem, *logos*. Uma outra visão da divindade cristã, mais unitária e centrada no Deus Pai.

Quando falamos em "arianismo", referimo-nos à doutrina cristã sobre Deus defendida, em princípio, por Ário, um padre da igreja de Alexandria no começo do século IV, que insistia na inferioridade e na dependência do Cristo Palavra em relação ao Pai, o único Deus por natureza. Aos olhos da ortodoxia triunfante, tal doutrina seria considerada uma grave heresia e, durante séculos, Ário foi visto como o protótipo do heresiarca. Contudo, para seus próprios defensores, o "arianismo" não era um desvio da tradição cristã e nenhum de seus proponentes pretendeu, inicialmente, constituir uma nova Igreja, seita ou religião. O desafio representado por Ário não foi um ataque deliberado à doutrina cristã oficial, pelo simples fato de não haver, naquele momento, nenhuma ortodoxia estabelecida. Ao contrário, foi a crise provocada por Ário que levou à elaboração da doutrina ortodoxa sobre Deus.

No centro da controvérsia ariana estava uma questão essencial para o cristianismo, mas sobre a qual, até o século IV, não havia nenhum consenso: como é possível acreditar que Jesus seja um ser divino e insistir, ao mesmo tempo, na existência de um só Deus? Para os cristãos, que estavam habituados a considerar a imutabilidade e impassibilidade como algo da essência de Deus ("aquele que é"), tal questão implicava ainda outra indagação: como podia esse Deus impassível ter sofrido em Jesus? A resposta de Ário foi distinguir o Deus impassível do Cristo Palavra, fazendo desse *logos* o mediador entre a vida divina e a realidade contingente, a primeira de todas as criaturas e "Deus" pela graça divina, mas não por natureza. Ário levava, assim, às últimas consequências ideias partilhadas por muitos cristãos de seu tempo. Mas para outros, como Atanásio de Alexandria, tal concepção implicava a impossibilidade da própria redenção, pois: como podia a humanidade frágil e instável ser salva se a Palavra encarnada não partilhava da natureza imutável e impassível do Pai? A história do arianismo é inseparável desses debates e, durante todo o século IV, ela se confunde com essa busca pelos cristãos do Império Romano de um consenso em sua doutrina sobre Deus.

Das origens ao Concílio de Niceia

Ário e Alexandria

A carreira de Ário, até o início da controvérsia, por volta de 318, é conhecida apenas por alusões em suas cartas ou pelas raras indicações deixadas por polemistas posteriores. Supõe-se que tenha nascido na Líbia e é certo que esteve muito próximo da escola teológica fundada por Luciano de Antioquia, embora não se possa afirmar que tenha sido propriamente um discípulo desse mártir. Em 318, porém, Ário já se via profundamente ligado à Igreja de Alexandria. Ordenado presbítero pelo bispo Áquilas, Ário estava à frente da paróquia de Baucális havia quase uma década. Era conhecido como um pregador popular, reputado por seu ascetismo e visto como um diretor espiritual, um mestre do caminho da salvação na tradição de outros alexandrinos, como o grande Orígenes.

Nas condições muito particulares vigentes na Igreja de Alexandria, Ário podia contar com uma grande liberdade de pensamento e de ação em relação ao bispo de sua diocese. Apesar de exercer um poder excepcional para a época sobre as outras comunidades cristãs do Egito, o patriarca de Alexandria era visto, em sua própria cidade, como apenas o primeiro entre seus pares. O colégio dos presbíteros desfrutava, de fato, de uma grande autonomia e os limites da autoridade do bispo e dos padres estavam longe de ser definidos com precisão. A partir de sua eleição em 313, entretanto, o novo bispo, Alexandre, embarcou em uma campanha para consolidar sua autoridade. Num certo sentido, é nessa tentativa do episcopado alexandrino de controlar e unificar uma comunidade cristã extraordinariamente divisível que podemos identificar o início do arianismo.

A eclosão da controvérsia

A história da controvérsia ariana, após o Concílio de Niceia, é bem conhecida e documentada por uma diversidade de fontes, em particular pela obra de Atanásio de Alexandria. Para o período anterior, entretanto, dispomos apenas de fragmentos da correspondência travada entre Ário, Alexandre e outros participantes da controvérsia e do testemunho dos historiadores eclesiásticos posteriores. Sabemos muito pouco sobre as condições precisas da eclosão da controvérsia em Alexandria. Os historiadores do século v divergem quanto a atribuir a Ário ou a Alexandre a iniciativa do debate, embora o imperador Constantino não tivesse dúvidas em acusar a responsabilidade do bispo, por ter exigido de seus presbíteros que expressassem suas opiniões sobre certas passagens das escrituras.

O que é certo é que Alexandre fora levado a investigar as ideias de Ário por iniciativa de um grupo de clérigos alexandrinos que se opunham à visão professada pelo presbítero sobre as relações no seio da Trindade. No decorrer do debate promovido entre partidários e adversários de Ário, o bispo se convenceu do erro de seu presbítero, embora não pudesse refutá-lo completamente. Alexandre enfatizava a filiação natural e inalienável (não adotiva) do Cristo. Retomando uma ideia que remontava a Orígenes, insistia na eterna geração da Palavra, mas inovava ao atenuar a subordinação do Filho, considerando-o inseparável de Deus, "carente de nada e em tudo perfeito como o Pai". E este era um postulado que Ário não podia aceitar: para ele, igualar o Filho ao Pai significava contestar a glória incomparável de Deus, "o único inconcebido, o único eterno e o único sem princípio". Significava ainda aproximar-se perigosamente da doutrina repudiada de Sabélio, que, no começo do século III, havia negado a individualidade das pessoas da Trindade, concebendo-as apenas como "máscaras" utilizadas pelo Deus único ao lidar com os seres humanos.

Alexandre convocou, então, um concílio de mais de cem bispos do Egito e da Líbia que resultou na excomunhão de Ário e de seus partidários (cinco padres, seis diáconos e dois bispos). Convictos de sua ortodoxia, Ário e seus partidários não podiam, porém, aceitar a condenação. Amparado por parte da comunidade alexandrina, Ário buscou ainda o apoio de outros bispos fora do Egito, sobretudo de Eusébio de Cesareia e Eusébio de Nicomédia. Por iniciativa desses bispos, dois sínodos reunidos respectivamente na Palestina e na Bitínia se opuseram à decisão de Alexandre e reabilitaram Ário. Tais iniciativas, porém, encontram hostilidade em sua própria vizinhança, e quando Constantino, tendo derrotado Licínio em 324, tornou-se senhor de todo o Império, grande parte do Oriente já estava profundamente dividida entre partidários e adversários das ideias de Ário.

A teologia de Ário

A teologia de Ário nos é conhecida essencialmente por três de suas cartas e pelo mais famoso de seus poemas musicados, a *Thalia*, obras que nos foram transmitidas em fragmentos nos tratados de seus adversários. O elemento central dessa teologia é a ênfase na incomparabilidade de Deus Pai, o único inconcebido e sem princípio. Sua liberdade e independência em relação ao Filho são ressaltadas. A Palavra sujeita às experiências de Jesus de Nazaré é vista como um ser passível que não poderia, por isso, ser comparado ao Deus imutável. Dada sua individualidade e natureza distinta, a Palavra não é parte de Deus e não pode nunca penetrar a vida de Deus. Deus é incompreensível e o conhecimento que a Palavra tem dele é imperfeito. E se Deus é livre, a Palavra existe pela vontade de Deus: ela é dependente e subordinada. A Palavra, dizia Ário, "não é eterna, coeterna ao Pai, inconcebida como ele, pois é do Pai que ela recebe a vida e o ser". Quando Deus decide criar e manifestar-se, ele começa por aquilo que é mais próximo dele, uma criatura dotada de todos os seus dons, a Palavra, o Filho, que é também, num certo sentido, "Deus" para o resto da criação e para o Espírito Santo, que dele procede. A fé católica deveria, portanto, segundo Ário, implicar a crença em três realidades de naturezas distintas e ordenadas de forma hierárquica, uma Trindade, enfim, unida apenas por sua harmonia.

Ário pode ser considerado um teólogo ao mesmo tempo conservador e radical: conservador, na medida em que retomava ideias expressas anteriormente, radical pela maneira como as combinava. De todas as suas proposições, aquela que mais chocou seus contemporâneos foi a ideia de que o Filho tivesse sido concebido do nada. No entanto, ela resultava da associação de argumentos levados às suas últimas consequências: Deus é livre; o mundo não precisava ter sido criado; a Palavra é diferente de Deus e faz parte da ordem criada; logo a Palavra foi livremente criada do nada.

Comunidades divididas

A pregação de Ário mudou repentinamente a forma como muitos cristãos concebiam Deus e provocou, em pouco tempo, divisões em cada comunidade cristã, suscitando um ativo engajamento popular em Alexandria, no Egito e em todo o

Oriente. Desde o início da controvérsia, tanto Ário como Alexandre utilizaram-se da pregação nas igrejas e em reuniões abertas para convencer os fiéis. Após a excomunhão de Ário, a fratura da comunidade alexandrina aprofundou-se quando centenas de virgens e uma multidão do povo tomaram o partido do presbítero. Ário compôs, então, canções populares para serem cantadas por marinheiros, moleiros, viajantes e todos os iletrados, e seus partidários se engajaram numa campanha ativa de convencimento, batendo de porta em porta e reunindo-se publicamente dia e noite, para permitir a participação dos trabalhadores. Pouco a pouco, em todo o Oriente, ouvia-se falar de multidões reunidas em praça pública, dividindo-se e tomando partido de um lado ou de outro da disputa.

Um dos motivos desse intenso engajamento popular é que as questões discutidas na controvérsia tinham implicações muito concretas para a maneira como os fiéis oravam e honravam a divindade. Isso era particularmente importante no momento da liturgia, quando a presença de Deus era invocada no meio dos fiéis. Dirigindo-se à Trindade, como deviam prestar-lhe honra e glória? Alexandre insistia na mesma adoração às pessoas da Trindade. Ário, por sua vez, na necessidade de glorificar de forma distinta e hierárquica cada um dos três. A controvérsia desafiava, assim, os fiéis a se definirem mais precisamente como cristãos a partir de sua concepção sobre o Filho. Alexandre e seus seguidores se definiam como "aqueles que creem na *divindade* do Cristo", sublinhando a distância entre o divino e o humano, enquanto os arianos enfatizavam o pertencimento do Filho à ordem criada e sua capacidade de se tornarem como ele. Daí também a violência da disputa: dado que não havia um critério de ortodoxia estabelecido, ambos os grupos só podiam obter o reconhecimento da legitimidade de suas crenças por uma luta acirrada no interior de cada comunidade.

Detalhes de um follis de bronze (moeda romana) com a face de Constantino (acima) e o símbolo do Sol invicto (abaixo).

Do Concílio de Niceia ao triunfo do arianismo histórico

O Concílio de Niceia

As divergências entre os partidários de Ário e de Alexandre teriam continuado sem solução não tivessem ocorrido no exato momento em que o primeiro imperador cristão ascendia ao poder absoluto. Embora considerasse inicialmente a disputa entre Ário e Alexandre um mero "jogo de palavras", Constantino foi convencido da importância da controvérsia, provavelmente por influência de Ósio de Córdoba. Seguindo seu objetivo obsessivamente perseguido de homogeneizar a realidade caótica do Império, Constantino pretendeu solucionar o debate e obter a uniformidade doutrinária da Igreja convocando um concílio "mundial", ecumênico, que se reuniu em 20 de maio de 325 em Niceia, na Ásia Menor.

Um vasto espectro de tendências teológicas se manifestou nos debates desse concílio. Em um extremo, podemos identificar o grupo dos primeiros arianos amparados por seus aliados da escola teológica de Antioquia e reunidos em torno de Eusébio de Nicomédia. Próximos desses, uma espécie de centro que tinha como porta-voz Eusébio de Cesareia e que reunia partidários moderados da subordinação do Filho e conservadores mais preocupados com a unidade do que com qualquer precisão teológica. Em torno de Alexandre de Alexandria, reuniam-se aqueles que viam no arianismo uma ameaça ao equilíbrio da teologia. Estes, por sua vez, eram apoiados por uma ala de extremistas antiarianos, representados, sobretudo, por Marcelo de Ancira, que à força de ressaltar a "monarquia" divina estavam muito próximos da heresia de Sabélio.

Apesar dessa diversidade de posições, desde o início havia ficado claro que a condenação de Ário era inevitável. Tomando como base uma profissão de fé proposta por Eusébio de Cesareia, o concílio adotou uma fórmula que incorporava precisamente aquilo que o grupo de Eusébio de Nicomédia declarava não estar disposto a negociar: a ideia de que o Filho fosse da mesma substância (*ousia*) do Pai, isto é, *homoousios* ("consubstancial"). A adoção deste termo não bíblico e que carregava conotações excessivamente materialistas provocou naturalmente os protestos dos partidários de Ário, mas suas resistências acabaram sendo vencidas quando o próprio imperador defendeu a solução adotada pela maioria. Ário foi então condenado e exilado com dois bispos recalcitrantes. Três meses mais tarde, Eusébio de Nicomédia e dois de seus vizinhos tiveram o mesmo destino.

A reação antinicena

O "consubstancial", porém, não fora aceito sem reticências pelos bispos orientais, e suas reservas foram reforçadas nos meses que se seguiram ao concílio quando os chefes dos extremistas antiarianos, Marcelo de Ancira e Eustácio de Antioquia, fizeram do termo um uso que Eusébio de Cesareia denunciou como uma clara negação da individualidade das pessoas da Trindade. A imprudência cometida por Eustácio, ao atacar a família imperial, contribuiu para que a reviravolta se consumasse: menos de três anos após Niceia, Eustácio foi deposto por um sínodo e exilado, e Ário e seus partidários, reabilitados e chamados do exílio.

O desafio suscitado por Marcelo e Eustácio parecia demonstrar o equívoco do "consubstancial". Em breve, os debates se deslocaram para o extremo oposto ao de Ário no horizonte teológico da época: formou-se uma vasta coalizão unida pela rejeição ao sabelianismo, animada por Eusébio de Cesareia, mas chefiada de fato por Eusébio de Nicomédia. De 326 a 335, os sínodos se sucedem na tentativa de encontrar uma alternativa ao credo de Niceia. A partir de 328, Atanásio sucede a Alexandre como bispo de Alexandria e os nicenos, partidários da manutenção do "consubstancial", ganham seu mais ardoroso defensor. Uma verdadeira guerra civil se inicia entre seu partido e o de Eusébio de Nicomédia, mas ao final do reinado de Constantino a maioria dos líderes nicenos, a começar pelo próprio Atanásio, havia sido deposta, exilada e substituída por bispos antinicenos.

Após a morte de Constantino, em 337, o Ocidente, fiel a Niceia, é governado pelo niceno Constante, enquanto o Oriente, dividido, passa a ser comandado por um adversário de Niceia, Constâncio II. A partir de 353, o Império é unificado por Constâncio II, que aplica ao Ocidente sua política religiosa antinicena: a maioria dos bispos se realinha e os recalcitrantes, como o papa Libério, são exilados. Durante todo esse período, sucedem-se, em vão, as tentativas de estabilização doutrinária:

no Oriente, de 341 a 351, nada menos de sete credos diferentes são proclamados por sínodos sucessivos.

A vitória do arianismo homoiano

A partir de 350, a coalizão antinicena se dissolve com a emergência de uma tendência neoariana radical, representada por Aécio e seu discípulo Eunômio. Racionalistas heterousianos (partidários da total diferença quanto à *substância* das pessoas da Trindade), eles seriam acusados pelos próprios antinicenos de defender o anomeísmo, a diferença *absoluta* entre o Pai e o Filho. Em face dos homoousianos e dos neoarianos, um terceiro partido se constitui enfatizando a *semelhança* entre o Pai e o Filho, para em breve se dividir em duas correntes divergentes: os homoiousianos, liderados por Basílio de Ancira, que sustentavam ser o Filho semelhante ao Pai quanto à substância (*homoiousios*), e os homoianos, liderados por Acácio de Cesareia, para os quais o Filho seria semelhante (*homoios*) ao Pai, conforme as Escrituras, mas não quanto à substância.

De 357 a 361, multiplicam-se mais uma vez os concílios, nos quais homoianos e homoiousianos alternam vitórias, até que Constâncio II toma o partido do homoismo de Acácio e um concílio aberto em Constantinopla, em 1° de janeiro de 360, proclama a nova fé do Império. O credo homoiano de 360 define o que chamamos de arianismo histórico, aquele que seria professado desde então por comunidades e povos hostis ao Concílio de Niceia.

Teologias arianas

As reflexões desenvolvidas pelas duas tendências ditas arianas que emergem a partir dos anos 350 divergem consideravelmente entre si. A posição ariana moderada dos homoianos aparece com clareza nos Concílios de Sírmio de 357 e de Constantinopla em 360, sendo expressa em uma dúzia de símbolos que chegaram até nós. Os argumentos defendidos por esses arianos são bem conhecidos, sobretudo pelas citações de seus textos em Epifânio e Ambrósio. O pilar dessa doutrina é a incomparabilidade de Deus Pai, mas não, como para os neoarianos, sua condição de não-gerado. Seu principal ensinamento é que o Filho teria sido gerado não a partir da *natureza*, mas da *vontade* do Pai. Para os homoianos, esse processo poderia ser descrito indiferentemente como criação ou geração. Sua doutrina da encarnação implica uma redução da divindade na Palavra e a *eterna* subordinação do Filho em relação ao Pai é sempre enfatizada. Mas, dado o pouco interesse que têm pela argumentação filosófica, os homoianos não sublinham o papel do Filho como mediador entre a vida divina e a realidade contingente, como Ário e seus primeiros aliados haviam feito. Fundados numa argumentação essencialmente bíblica, consideram o Filho como Deus ou divino, mas não plenamente igual ao Pai, uma vez que a semelhança entre ambos residiria na *energia*, *poder* e *atividade* divinas, mas não em sua *substância* ou *essência*.

A posição mais radical é aquela representada pelo neoarianismo de Acácio e de Eunômio, que é defendido por Filostórgio e atacado pelos teólogos capadócios. Conhecemos a argumentação de seus proponentes, sobretudo por um tratado de Acácio, preservado em Epifânio, e por três outros textos de Eunômio, transmitidos no todo ou em parte. Sua doutrina distingue-se do arianismo homoiano pelo uso de uma terminologia filosófica fundada no platonismo e na lógica aristotélica, pela recusa obstinada em conceder que o Filho tenha sido gerado e não criado, pela convicção de que o conhecimento de Deus é aberto não só à Palavra, mas a todos, e pelo uso crítico do conceito de "não-gerado" (*agennetos*). Seu pressuposto básico é o de que Deus, sendo, por natureza, não-gerado, não pode gerar, mas apenas criar. O "Filho", portanto, seria apenas uma apelação inadequada ao que seria, na verdade, um ser inferior ao Pai.

Comunidades rivais

A partir de Niceia, as disputas entre as facções cristãs em cada cidade se convertem numa verdadeira luta pela hegemonia e pelo controle dos espaços de culto entre os grupos rivais, liderados por seus bispos respectivos e amparados pelas autoridades imperiais, quando não opostos a elas. As comunidades antinicenas, embora sempre designadas como "arianas" por seus adversários, estavam longe de ser homogêneas e as divisões desse partido, depois de 350, deviam naturalmente se refletir no nível local: em 362, por exemplo, nada menos que cinco comunidades rivais se confrontavam em Antioquia. Os arianos homoianos constituíram comunidades numerosas e seus líderes, amparados pelas autoridades imperiais, não hesitaram em perseguir seus adversários, qualificados frequentemente como hereges e anticristos. Os neoarianos, por outro lado, que acabaram por adotar uma estrutura eclesial com a organização, por Eunômio, de uma comunidade em Constantinopla, nunca foram muito numerosos e sua preocupação com a pureza doutrinária levou-os frequentemente a se dividir.

Durante todo o século IV, a controvérsia ariana continuou a suscitar debates nas ruas e um intenso engajamento popular. Gregório de Nissa, o bispo da pequena comunidade nicena de Constantinopla, a partir de 379, evocava nestes termos tais discussões na capital:

> Quando você pergunta a cotação ao cambista, ele lhe responde com uma discussão sobre o gerado e o não gerado; se você pergunta sobre o preço do pão, a resposta é que o Pai é maior que o Filho por ser este subordinado; se, nas termas, você pergunta se o banho está pronto, o servente lhe responde que o Filho procede do nada.

O fim da controvérsia ariana e o destino do arianismo

A nova ortodoxia

Após a breve restauração do paganismo sob Juliano, o arianismo homoiano continua a ser a versão do cristianismo dominante e ativamente favorecida, na parte oriental, pelo imperador Valente, até a sua morte em 378. Contudo, durante o reinado desse imperador, a emergência de um novo partido, que se aproximaria pouco a pouco dos nicenos, prenunciava o fim da controvérsia. Seus principais representantes, os teólogos capadócios, Basílio de Cesareia, Gregório de Nazianzo e Gregório de Nissa, desenvolveram uma reflexão trinitária inovadora que estabeleceu as bases da nova ortodoxia. Retomando a ênfase de Atanásio na encarnação do próprio Deus como meio de salvação, os capadócios rejeitaram a doutrina do Cristo Palavra como Deus reduzido, enviado pelo Deus inacessível para sofrer pela humanidade, ligando como uma ponte a vida divina à realidade transitória. A fim de clarear o debate e dissipar as incompreensões mútuas entre o Ocidente latino e o Oriente grego, definiram com precisão o vocabulário trinitário, reservando a apelação de *hypostasis* para designar não a substância ou princípio último da divindade, mas o seu modo de subsistência, suas peculiaridades distintas. E elaboraram aquela que seria a fórmula trinitária clássica: uma *ousia*, três *hypostases* (uma essência, três pessoas), rompendo com toda ideia de subordinação ao enfatizar a unidade e igualdade dos três, apesar de sua distinção.

O vasto movimento de convergência promovido por esse grupo, em particular pela diplomacia de Basílio, foi reforçado, a partir de 379, pela ascensão ao poder, na parte oriental do Império, de Teodósio, um fervoroso partidário de Niceia. Em 381, por sua iniciativa, um novo concílio ecumênico foi convocado. Os bispos reunidos em Constantinopla, entre maio e julho daquele ano, reafirmaram a fé de Niceia, retomando o símbolo niceno com poucas modificações e anatematizando todas as formas de arianismo. No final de julho, um edito de Teodósio sancionava as decisões do Concílio, declarando definitivamente a versão pró-nicena do cristianismo como a religião oficial do Império Romano.

O destino do arianismo no Império

A repressão promovida por Teodósio contra todas as correntes anatematizadas em 381 foi fatal para as comunidades arianas do Oriente. Nos anos que seguiram ao Concílio, uma série de editos imperiais colocou arianos e eunomianos na ilegalidade, fechando seus templos e impedindo até mesmo suas reuniões em casas de particulares. Contudo, tais comunidades não desapareceram de imediato. Um número considerável de arianos continuou a existir e a praticar seu culto até mesmo em Constantinopla, preocupando o bispo católico, João Crisóstomo, até o final do século IV. Mesmo expulsos de suas igrejas, reuniam-se ao ar livre, organizando sonoras procissões. Os eunomianos também continuaram ativos mesmo após a morte do próprio Eunômio, em 394, como o demonstra a legislação reiterando a proibição de reuniões públicas nos arredores da cidade. Divisões internas e repressão imperial contribuíram, porém, para que arianos e eunomianos desaparecessem progressivamente nas primeiras décadas do século V.

No Ocidente, o arianismo desenvolveu-se apenas tardiamente, sendo muito pouco influenciado pelos debates originais em Alexandria. Os arianos ocidentais, estabelecidos sobretudo na Ilíria, eram antes conservadores ciosos de uma interpretação teológica exclusivamente bíblica. Sua principal preocupação era afirmar o *status* radicalmente secundário da divindade do Filho, demonstrando-o não pela argumentação filosófica, mas pela exegese. Apoiados pela imperatriz Justina até 387, os arianos ocidentais não se viram de início afetados pela repressão teodosiana. No começo do século V, porém, o autor anônimo de uma *Obra inacabada sobre Mateus* traçava o retrato de uma comunidade ariana reduzida a um pequeno número de "verdadeiros cristãos" perseguidos, privados de seus locais de reunião, mas mantendo, apesar de tudo, sua vida eclesial.

O arianismo germânico

É sobretudo entre os povos germânicos, porém, que o arianismo seria mais duradouro. Os primeiros contatos dos godos com o cristianismo, após sua migração para o baixo Danúbio, ocorreram já no século III, mas foi apenas na segunda metade do século IV que a ação de um missionário iniciou o verdadeiro movimento de conversão desse povo. Úlfila era neto de prisioneiros capadócios capturados pelos godos e criado entre estes. Cristão, conhecedor do gótico, do latim e do grego, ele havia sido enviado pelos godos em embaixada ao Império quando entrou em contato com as autoridades da Igreja. Ordenado bispo por Eusébio de Nicomédia, Úlfila tomou parte no Concílio de Constantinopla de 360, adotando o credo homoiano que ele se dedicaria a pregar aos godos durante anos, até ser expulso do meio destes, por razões políticas. A principal contribuição de Úlfila para a conversão dos povos germânicos foi a elaboração de um alfabeto, a partir dos caracteres rúnicos que estes já possuíam, e sua tradução para o gótico de grande parte da Bíblia. Em 376, sob a pressão dos hunos, os godos foram finalmente levados a aceitar a condição que lhes impunha Valente para recebê-los dentro do Império, convertendo-se em massa ao credo homoiano do imperador. A conversão desse grupo teve um efeito multiplicador e em pouco tempo quase todos os povos germânicos haviam adotado o arianismo como sua religião.

A repressão ao arianismo sob Teodósio visava apenas aos cidadãos romanos, e mesmo os exércitos germânicos federados contavam com bispos arianos como capelães. Após o estabelecimento dos novos reinos, com o fim do Império do Ocidente, o arianismo permitiu aos conquistadores manter seu caráter distintivo e sua identidade étnica. Tinham sua própria liturgia baseada na bíblia de Úlfila, consideravam-se a si mesmos como "católicos" por oposição aos praticantes da "religião romana" e pouco se interessavam pelo proselitismo. Apenas os vândalos, na África, chegaram a mover uma perseguição aos católicos, acompanhada de tentativas infrutíferas de conversão. Os arianos germânicos não desenvolveram debates teológicos, contentando-se em praticar sua religião distintiva fundada na crença em um Filho divino subordinado, mas semelhante ao Pai. A pureza doutrinária não lhes parecia tão importante quanto o papel social de sua fé comum. Talvez por isso, quando os últimos reis arianos se converteram, a adoção do catolicismo tenha sido aceita tão facilmente. Com a conversão de Recaredo, rei dos visigodos, em 587, o arianismo enquanto religião efetiva praticamente desaparece da cena histórica.

Bibliografia

Galvão-Sobrinho, Carlos R. Embodied Theologies: Christian Identity and Violence in Alexandria in the Early Arian Controversy. In: Drake, H. A. (ed.). *Violence in Late Antiquity*: Perceptions and Practices, Ashgate, Aldershot, 2006, pp. 321-331.

Hanson, R. P. C. *The Search for the Christian doctrine of God*: The Arian Controversy (318-381). Edimburgh: T&T Clark, 1988.

Marrou, Henri-Irénée. *L'Église de l'Antiquité tardive (303-604)*. Paris: Seuil, 1985.

Wiles, Maurice. *Archetypal Heresy*: Arianism through centuries. Oxford: Clarendon, 1996.

Williams, Rowan. *Arius: Heresy and Tradition*. Londres: Darton, Longman & Todd, 1987.

Persas

Flavia Galli Tatsch

Zoroastro foi o primeiro a conceder ao próprio homem o livre-arbítrio, a responsabilidade por seus atos e pensamentos. Também foi pioneiro ao contemplar o julgamento individual baseado na ética pessoal. Como resultado desse juízo, pode-se chegar ao paraíso ou ao inferno. Segue-se a ressurreição do corpo e, finalmente, o Julgamento Final. Esses preceitos se tornariam comuns a muitas outras religiões, como o judaísmo, o cristianismo e o islamismo.

O zoroastrismo é uma das mais antigas religiões monoteístas. Foi fundado na Pérsia, atual Irã, por Zaratustra, ou Zoroastro, com diziam os gregos. Essa religião influenciou – direta ou indiretamente – outras crenças religiosas, entre elas o judaísmo, o cristianismo e o islamismo. Em sua época áurea tornou-se religião de Estado de três grandes impérios iranianos dos séculos VI a.C. até VII d.C. Atualmente, há um pequeno número de seguidores que vivem no Irã e na Índia.

Zaratustra Spitama nasceu na região que hoje engloba o norte do Irã e sul do Afeganistão. É difícil estabelecer uma data específica para o nascimento, mas é possível situá-lo entre 1500 e 1200 a.C. Pouco se conhece de sua vida. Segundo a tradição, era um sacerdote (*zaotar*), viveu muitos anos, casou-se três vezes, levava uma vida simples com poucos bens ("Eu sei, ó Sábio, por que não tenho poder: é porque poucos são os meus rebanhos e poucos os homens de que disponho." *Yasna*, 46:2).

Aos 30 anos, em meio a um ritual de purificação, teve uma visão. Único fundador de um credo no qual era ao mesmo tempo sacerdote e profeta, percebeu que a sabedoria, a justiça e a bondade estavam separadas da fraqueza e da crueldade. Acreditando ter sido instruído diretamente por Ahura Mazda, o Ser Supremo, passou a transmitir a mensagem divina à comunidade: o mundo vivia em meio a uma disputa de forças contrárias e o homem, assim como os espíritos, tinha o livre-arbítrio para escolher entre o bem e o mal, entre a luz e a escuridão.

A nova proposta, baseada em ideias reformistas, entrou em conflito com as antigas práticas religiosas tradicionais e, em pouco tempo, as reações se fizeram sentir. Zoroastro partiu em busca de refúgio e, em suas andanças, encontrou guarida na tribo da rainha Hutaosa e seu marido, Vishtaspa, que logo se converteria às novas ideias tornando-se grande protetor e amigo do profeta.

A doutrina de Zoroastro incomodou duplamente os seguidores da antiga religião indo-iraniana. Por um lado, as propostas reformistas ofereciam a salvação a todos que optassem por uma vida justa e honrada independentemente de sua classe social, rompendo com a tradição que estipulava uma vida de suplícios após a morte àqueles que não pertenciam à aristocracia ou ao sacerdócio. Por outro, a rejeição aos *daevas* e a incorporação de conceitos como um único Creador, dualismo, grande batalha cósmica e julgamento eram muito difíceis de serem aceitas por parte da comunidade politeísta, como veremos adiante.

Em sua própria tribo, conquistou um único discípulo: Maidhyoimanha. Zoroastro começou a ganhar adeptos somente com a conversão da rainha Hutaosa e seu marido Vishtaspa.

As antigas práticas dos indo-iranianos

É preciso retomar alguns aspectos e práticas da antiga religião para compreender a natureza da revelação de Zoroastro. Os ancestrais daqueles que se conhecem como iranianos e indianos formavam um só povo identificado como proto-indo-iranianos, um dos ramos da família indo-europeia. Viviam entre as terras das estepes ao sul da Rússia até o Volga, criando gado e ovelhas. Por volta do terceiro milênio antes de Cristo, parte dos proto-indo-iranianos migrou para o sul e atravessou o Hindukush, passando a ocupar a Índia. Dessa separação resultou a formação de dois povos que, apesar de se comunicarem em línguas distintas, conservaram alguns elementos em comum, fosse o domínio da sociedade pela aristocracia guerreira e pelos sacerdotes, fossem algumas práticas religiosas.

Somente os sacerdotes podiam realizar diariamente o culto (*yasna*). Antes de iniciar a cerimônia ingeriam o *haoma*, bebida provavelmente preparada a partir de folhas de *ephedra*, cujo caráter alucinógeno provocava uma espécie de transe. A solenidade contava ainda com o sacrifício de animais – para os iranianos, o espírito do animal encaminhava-se até uma divindade chamada Geush Urvan (A alma do touro).

Rico e diversificado, o panteão indo-iraniano – em grande parte concebido antropomorficamente – estava formado por deuses (*daevas*) ligados a fenômenos físicos da natureza ou a conceitos diversos. No primeiro grupo, podemos listar Atar (o fogo), Apa (a água), Asman (o céu) e Zam (a Terra), Hyar (o Sol) e Mah (a Lua), Vata e Vayu (os dois deuses do vento); no segundo, Airyaman (poder da amizade), Arshtat (Justiça), Ham-vareti (coragem) e Sraosha (obediência). Acima desses, dois deuses se destacavam: Apan Napat e Mithra. Amplamente venerados, a eles atribuíam-se muitos conceitos: ao primeiro, "juramento", "verdade"; já Mithra era o "contrato"; o deus do Sol, o maior dos fogos, aquele que acompanhava o astro durante seu trajeto diário; a "lealdade". Ambos receberam o título de *ahura*, que significa "deus", "senhor".

Gravura em baixo relevo na cidade de Persépolis:
leão derruba um touro, como representação do poder imperial.

Ahura Mazda e a escolha entre o Bem e o Mal

De acordo com a tradição, após se tornar sacerdote aos 15 anos, Zaratustra vagou durante muito tempo em busca da verdade até que, finalmente, a alcançou durante um ritual (*Gāthās*; *Yasna*, 43). Em busca de água para o *haoma*, entrou em um rio e ao retornar à margem, em estado de pureza física e espiritual promovido pelo elemento purificador (a água), teve uma visão: um ser iluminado, que se revelou como Vohu Manah (o bom pensamento), levou-o até a presença de Ahura Mazda e outros cinco seres divinos: Asha Vahishta, Spenta Armaiti, Khshathra Vairya, Haurvatāt e Ameretāt. Essa foi a primeira de inúmeras visões nas quais ouviu o Ser Supremo chamando-o a Si.

Mazda, um dos maiores *ahuras* do panteão iraniano, era venerado e cultuado como o guardião do *asha* (ordem da verdade, justiça). Zaratustra proclamou Ahura Mazda como o Senhor Supremo; o imortal; Deus da sabedoria; o Creador de todas as coisas; aquele a partir de quem emanavam todas as outras criaturas divinas. Em sua visão, o Creador estava acompanhado por seus dois filhos gêmeos, Spenta Mainyu (espírito benfeitor) e Angra Mainyu (espírito destruidor, ignorante, maligno, aquele que originou a morte). "Existem dois espíritos, gêmeos, conhecidos por estarem sempre em conflito. Em pensamento em palavras e em atos eles são dois, o bem e o mal..." (*Yasna*, 30.3-5). Os espíritos deviam escolher entre a verdade (*asha*), ou a falsidade, a maldade, a mentira (*drug*), existentes em todos os pensamentos, palavras ou atos.

Na teologia de Zoroastro, o bem e o mal precedem ao próprio Creador. O dualismo de seu pensamento está na separação desses opostos revelada na origem da criação dos espíritos gêmeos: tanto Angra Mainyu quanto Spenta Mainyu tiveram a liberdade de optar pelo caminho a seguir; na realidade, as escolhas se deram baseadas na natureza de cada um. Nesse sentido, não se pode culpar Ahura Mazda pela origem do mal ou pela direção tomada por Angra Mainyu, pois o *drug* antecede a própria criação do espírito. Em sua sabedoria, onipotência e bondade, o Senhor Supremo já antevia qual seria a opção dos filhos.

O caráter original desse preceito transformaria as classificações dos deuses existentes na antiga religião indo-iraniana, na qual *ahuras* e *daevas* eram seres divinos. A partir de então, os primeiros seriam considerados como aqueles que optaram pelo *asha*, enquanto os últimos se transformavam em forças destrutivas, demônios ou deuses da guerra (principalmente o deus Indra) seguidores do *drug*.

Cabe aqui ressaltar que o *asha* contém implicações éticas atuantes tanto na esfera divina como na conduta humana. Honestidade, lealdade, coragem e virtude fazem parte da ordem natural; de onde se apreende que o mundo como um todo se encontrava envolto nas mesmas tensões. Sob esse ponto de vista, os ensinamentos conferem um outro sentido ao conceito dualista do bem e do mal: assim como os espíritos, os homens tinham o livre-arbítrio para escolher entre os dois caminhos. Para o profeta, o masdeísta (aquele que escolhia Ahura Mazda) optava pelas virtudes e, portanto, deveria lutar contra seus contrários, no caso as forças demoníacas representadas pelos *daevas*.

Amesha Spenta ou os Sete Imortais

Na primeira visão de Zoroastro, à beira do rio, Ahura Mazda estava acompanhado de seis outros seres iluminados, que já existiam no panteão iraniano antes da visão. O conjunto todo é conhecido como os sete Yazatas ou Amesha Spenta e constitui uma parte fundamental dos ensinamentos de Zaratustra. Considerados emanações diretas ou indiretas de Ahura Mazda, possuem cada qual uma característica que lhes habilitava a lutar para derrotar o mal e favorecer o bem. Liderando o grupo, estava Vohu Manah (o bom pensamento) sempre acompanhado por Asha Vahishta (verdade perfeita), divindade que melhor personificava o *asha*. Em seguida vinham: Spenta Armaiti (devoção sagrada), sempre dedicado ao que é bom e justo; Khshathra Vairya (senhoria desejável), representando tanto o poder com o qual cada pessoa pode praticar a justiça em sua vida quanto o poder e o reino de Deus; Haurvatāt (saúde, integridade) e Ameretāt (imortalidade), que não só prolongavam a vida dos homens quanto lhes conferiam saúde e bem-estar durante sua existência.

Os masdeístas, eles mesmos resultado da criação de Ahura Mazda, compartilhavam com os yazatas o objetivo de lutar contra o mal. Daí a necessidade de dedicar o culto diário (*yasha*) a todo o conjunto de imortais ou a uma das divindades em particular. Procurando se conectar com a presença imaterial e invisível dos Amesha Spenta, o fiel podia alcançar um estado espiritual específico (*maga*) no qual se considerava apto a se unir e constituir um só com Spenta Mainyu (espírito benfeitor).

A doutrina de Zoroastro estava apoiada, antes de tudo, em uma ética e moralidade que infundia nos homens a preocupação de viverem sempre sob bons pensamentos, palavras e atos. Dessa maneira, a doutrina gerava no homem responsabilidade pelo mundo em seu redor.

A história cósmica em três etapas

Zoroastro dividiu a história cósmica em três etapas distintas: Bundahishn (a criação), Gumēcishn (a mescla) e Frashegird (a separação ou a renovação).

O Bundahishn se deu em duas fases: na primeira, Ahura Mazda concedeu a vida a todas as coisas em um estado espiritual e imaterial, que em pahlavi se chama de *menog*, totalmente vulnerável ao mal e passível de ataques por parte de Angra Mainyu. Daí a segunda etapa, na qual o estado inicial do menog se transforma, originando e adquirindo o *getig*, o aspecto material e físico da existência.

A criação foi sucedida pelo Gumēcishn, momento em que o espírito mal mata o touro e o homem primordiais – de cujos sêmens nasceram tanto os animais bons quanto o primeiro casal humano (Mashya e Mashyānag). Durante essa etapa, Angra Manyu se juntou aos devaes e espíritos maus (que havia criado para fazer frente aos Amesha Spenta) para atacar os homens, infligindo-lhes tudo aquilo que poderia causar sofrimentos morais, espirituais e físicos. O mundo não era mais totalmente bom, mas uma mistura entre o bem e o mal.

Na terceira etapa, Frashegird (palavra em pahlavi que provavelmente significa renovação), marcada pela purificação no fogo e a transfiguração da vida, a humanidade junta-se aos yazatas para restaurar o mundo a seu estado inicial, ou seja, antes da existência e dos ataques de Angra Mainyu. Nesse momento, o bem é separado do mal, os justos dos injustos. Para Zoroastro, a separação é uma etapa infindável da história. É o período no qual Ahura Mazda, os seis Amesha Spenta e a humanidade viverão em perfeita harmonia, cercados pela bondade e paz eternas. Com a restauração, o mundo retorna ao estado inicial. Entre a primeira e a última etapa, está o momento em que o bem e o mal se enfrentam, uma batalha na qual deuses e homens lutam pelo mesmo ideal. Ora, a doutrina de Zoroastro não só concede a todos o livre-arbítrio como oferece à humanidade uma razão pela qual viver.

O homem diante da morte

No período do Gumēcishn, a morte carrega as almas levando-as novamente ao estado de *menog*. Três dias depois da separação do corpo, o espírito é conduzido até a ponte Cinvat, local em que será moralmente julgado por um tribunal presidido por Mithra, acompanhado dos deuses Sraosha e Rashnu. A alma é, então, pesada em uma balança e avaliada segundo seus pensamentos, palavras e atos: se o prato da balança pender para o bem, a ponte se alarga permitindo a passagem da alma, que é encaminhada até o paraíso por uma bela donzela (personificação da própria consciência, *daena*). Mas, se o prato da balança pender para o mal, a ponte se estreita e uma terrível harpia leva a alma para o inferno, presidido em pessoa por Angra Mainyu. Existia, ainda, um terceiro lugar para onde as almas daqueles que não eram nem bons nem maus seriam encaminhadas, denominado Misvan Gatu (o lugar dos misturados).

Segundo Zoroastro, mesmo tendo chegado ao paraíso, as boas almas só alcançariam a felicidade plena no Frashegird, quando a terra devolveria os ossos aos mortos. Essa espécie de ressurreição seria antecedida por um julgamento final, no qual um rio de lava e metal derretido separaria os justos e os injustos. Os maus sofreriam uma espécie de segunda morte, juntamente com os *daevas* e as legiões da escuridão. Finalmente derrotados, Angra Mainyu e tudo o que ele representava desapareceriam do universo.

Após a vitória, Ahura Mazda e os Amesha Spenta conduzem um ritual (*yasna*) no qual é realizado um derradeiro sacrifício (a morte, então, é suprimida). Além disso, prepara-se o '*haoma* branco' que confere a imortalidade aos corpos ressuscitados dos bons. A partir desse momento, os abençoados são elevados à condição de imortais: livres das doenças; dos maus pensamentos, atos e palavras; da corrupção; vivendo para sempre e com alegria no Reino de Deus.

Zoroastro foi o primeiro a conceder ao próprio homem o livre-arbítrio, a responsabilidade por seus atos, pensamentos e palavras. Também foi o primeiro a contemplar o julgamento individual baseado na ética pessoal – cujo resultado podia levar ao paraíso ou ao inferno –, seguido pela ressurreição do corpo e, finalmente, pelo julgamento final. Esses preceitos se tornariam, posteriormente, comuns a muitas outras religiões, como o judaísmo, o cristianismo e o islamismo.

Iniciação, oração

A princípio, a nova doutrina não tinha nenhum caráter ritualístico. Apesar da oposição ao culto dedicado aos *daevas*, sabe-se que algumas práticas continuaram a ser realizadas com a ingestão do *haoma* pelos sacerdotes e os sacrifícios de animais em benefício dos leigos. Na realidade, Zoroastro não pretendia extinguir tais ritos, mas criticar tanto a crueldade aplicada aos animais quanto a absorção desmedida da bebida alucinógena. Com o passar do tempo e a adesão de novos fiéis, o ritual diário de orações (*yasna*) passou a agregar formas de liturgia que se preservaram até os dias de hoje.

Grande parte dos rituais enfatiza a purificação da mente e do corpo e a luta contra o Angra Mainyu. O fogo é visto como o mais alto símbolo de pureza e representa a luz de Ahura Mazda assim como a mente iluminada. Por isso, os cultos são realizados sempre na presença de um fogo sagrado, mantido nos Templos do Fogo (*Agiaries*).

Os iniciados da antiga religião indo-iraniana tinham como costume usar um cordão trançado ao redor do pescoço como símbolo de pertencimento à comunidade religiosa. A nova doutrina apropriou-se desse signo, porém ampliou o uso e significado original: a iniciação é estendida a todos, independente da classe social ou sexo. Na cerimônia do Navjote ou Sedreh-Pushi, celebrada por um sacerdote (*mobed*), a criança – entre 7 e 15 anos – recebe um cordão (*kusti*, em persa) e enrola-o como um cinto três vezes ao redor da cintura, amarrado na frente e atrás. A partir de então, e pelo resto de sua vida, deve atar e desatar o cordão repetidamente durante as preces. Sob o *kusti* deve-se usar uma camisa totalmente branca (a *sudra*) com um pequeno bolso costurado na altura da garganta, cujo objetivo é lembrar continuamente que o masdeísta deve preenchê-lo com méritos gerados por bons pensamentos, falas e ações.

Zaratustra estabeleceu a obrigação de cinco orações individuais diárias e a celebração de festas comunais. O ritual da prece tem início com a limpeza do rosto, mãos e pés. Em seguida, ereto e de frente para o fogo, o fiel desata os nós do cordão sagrado e, segurando-o com ambas as mãos à sua frente, ora a Ahura Mazda e amaldiçoa Angra Mainyu. Por fim, amarra novamente o cordão enquanto prossegue com as orações. Essa prática dura somente alguns minutos, no entanto, é a constante repetição que se torna um importante exercício religioso, constituindo tanto uma disciplina quanto uma renovação dos votos de fé.

As festas

Anualmente, os zoroastrianos têm a obrigação de celebrar sete festas dedicadas a Ahura Mazda e os Amesha Spentas. A origem desses eventos remonta aos antigos rituais indo-iranianos em que os agricultores comemoravam as passagens das estações do ano. Seis delas são chamadas de gahanbars ou gahambars seus nomes são preservados do Zend Avesta até hoje: Maidhyoi-zaremaya ("no meio da primavera"); Maidhyoi-shema ("no meio do verão"); Paitishahya ("trazendo a colheita para casa"); Ayathrima ("trazendo o rebanho para casa"); Maidhyairya ("meio do ano"/ "festa do inverno"); Hamaspathmaedaya (de nome incerto, algo como "todas as almas", celebrada na última noite do ano, antes do equinócio da primavera). Dedicada ao fogo, Nō Rūz é a sétima festa. Festejada sempre no equinócio da primavera, corresponde ao Ano Novo. Profundamente enraizada na cultura do Irã, também é celebrada pelos islâmicos, ainda que não comporte em si nenhum aspecto religioso.

O zoroastrismo ao longo dos séculos

Ao longo dos séculos, o zoroastrismo alternou momentos de apogeu – como religião de Estado de três grandes impérios – e declínio.

A dinastia dos aquemênidas (séculos VI-IV a.C.) unificou os reinos medos e persas e expandiu seus domínios pela Ásia Menor, Babilônia, norte da África até as margens do rio Danúbio, na Europa, estabelecendo o primeiro Império Persa. Ciro, o Grande, o fundador, e seus sucessores, Cambises II e Dario I (respectivamente, filho e neto), praticaram a tolerância religiosa, porém elevaram o zoroastrismo a uma situação privilegiada e procuraram governar de acordo com os princípios do *asha*.

Firmemente estabelecido, o zoroastrismo sofreria um grande golpe com a invasão da Ásia Menor por Alexandre da Macedônia e a conquista dos territórios do Império. Muitos sacerdotes foram sacrificados e grande parte dos textos, destruídos, restando somente os *Gāthās*. Com a morte de Alexandre, em 323 a.C., seus generais entraram em guerra pela sucessão. Dos séculos IV a.C. ao III d.C., o poder se alterou entre o domínio dos selêucidas (311-141 a.C.) e dos partos arsácidas (141 a.C.-224 d.C.) que, assim como os aquemênidas, procuraram governar de acordo com os princípios do *asha*.

Ardashir derrotou os partos arsácidas, criou a dinastia dos sassânidas, coroou a si mesmo como rei – fato que chocou em muito os contemporâneos –, fundou uma denominação religiosa persa baseada no ortodoxismo zoroastriano e perseguiu outros credos. Político e astuto, criou um novo Império Persa lançando mão da propaganda religiosa para afirmar seu poder. Durante a dinastia dos sassânidas (séculos III-VII d.C.), muitos aspectos do zoroastrismo foram desenvolvidos. Exemplo: a compilação dos textos do *Avesta* e dos *Gāthās*; a promoção dos templos de fogo; o impedimento do uso de imagens durante os rituais; extensão da liturgia e escritura de textos sagrados (*Bundahishn* e *Denkard*); reformas no calendário zoroastriano que passou a ter 365 dias no ano (até esse momento, o calendário anual contava com 360 dias divididos em 12 meses de 30 dias; para manter alinhadas as datas das estações, inseria-se um 13° mês a cada 6 anos).

A partir do século VII d.C., árabes, turcos e mongóis alternaram-se no domínio da Pérsia. O golpe foi ainda maior do que no tempo macedônico: livrarias destruídas; imposição da língua árabe sobre o persa; conversões forçadas e humilhações sociais tornaram a vida dos zoroastrianos muito difícil. A antiga religião de Estado passou, lentamente, a ser praticada por uma minoria. No século X, um grupo partiu do Irã em busca de refúgio e se instalou no Gujarat, Índia.

Chamados de parsi (em gujarati), os seguidores de Zaratustra sobrevivem ainda hoje dispersos pela Índia, Paquistão, Sri Lanka, Irã e, até mesmo, em alguns países do Ocidente.

As fontes

Os primeiros ensinamentos foram reunidos por Zoroastro nos *Gāthās* (cânticos): conjunto de 17 hinos cuja forma segue a concepção religiosa indo-iraniana que alia poesia sagrada e tradição mântrica, ou seja, as palavras são expressas de forma suave durante a apreensão do divino. Na antiga religião, esse tipo de poesia era compreendido somente pelos iniciados – os sacerdotes. Zaratustra, porém, rompe com tal primazia e passa a proferir a nova doutrina para toda a comunidade.

Ao longo dos séculos, um conjunto de preceitos reuniu-se aos cânticos formando o *Avesta*: *Yasna* (sacrifícios), *Yasht* (hinos às divindades), *Vendidad* (regras de pureza), *Visperad* (liturgia), *Nyayishyu* e *Gâh* (orações), *Khorda* ou Pequeno *Avesta* (orações cotidianas), *Hadhōkht Nask* (livro das Escrituras), *Aogemadadēchā* (instruções sobre o além), e o *Nīrangistān* (regras culturais).

Transmitido oralmente de geração em geração, o *Avesta* foi compilado durante o império dos sassânidas nos séculos IV a VI d.C. em língua *pahlavi*. Até então, os *Gāthās* eram de difícil compreensão uma vez que tinham sido elaborados em avestan, dialeto falado por Zoroastro, então caído em desuso. No século IX d.C. surgiram outras escrituras, como: *Zand* (tradução do Avesta em língua vernácula), *Bundahishn* (gênesis do zoroastrismo), *Dēnkard* (coleção de informações sobre a religião).

Textos tardios também podem ser encontrados em persa, gujarati, sânscrito e, até mesmo, em inglês. Para os seguidores do zoroastrismo, todas as escrituras revelam diferentes aspectos da religião, devendo ser cultuadas independente do período de sua elaboração.

Bibliografia

BOYCE, Mary. *Zoroastrians. Their Religious Beliefs and Practices*. London: Routledge, 2001.

ELIADE, Mircea. Zaratustra e a religião iraniana. In: *História das crenças e das ideias religiosas*. 2. ed. Rio de Janeiro: Zahar, 1983, t. 1, v. 2, pp. 139-173.

________; COULIANO, Ioan P. Zoroastrismo. *Diccionario de las Religiones*. Barcelona: Paidós, 1992, pp. 265-73.

Celtas

Ana Donnard

Eles acreditavam na imortalidade e no renascimento das almas. O outro mundo dos imortais era paralelo ao mundo visível e as almas dos parentes mortos ou dos guerreiros de batalha permeavam todo o espaço fatual. Toda recordação material era uma presença, um elo com o sagrado mundo das almas imperecíveis. A transmigração das almas para formas animais – especialmente pássaros e peixes – associava-se às profecias por meio da observação dos astros e de uma numerologia sagrada, em que o numero três representava a expressão do mundo oculto das formas naturais e divinas de tudo o que existe entre o céu e a terra.

Os druidas fazem parte de uma história incógnita ou quase desconhecida. Eles representaram uma classe de sacerdotes, filósofos, médicos e magistrados, e o druidismo não pode, de modo algum, ser reduzido a um xamanismo animista. A Arqueologia tem muito pouco ou quase nada a explicar sobre os druidas. Ou pelo menos é isso que nos dizem os arqueólogos quando perguntamos sobre os registros materiais. Seria mais prudente dizer que a Arqueologia do druida é de difícil interpretação ou, em outros termos, os dados materiais devem ser considerados uma matéria com várias possibilidades de interpretação: seria um druida o guerreiro enterrado com seus aparatos para a passagem em direção ao outro mundo? Assim, para conhecermos os druidas somos obrigados a interpretar os autores clássicos, gregos ou romanos – árdua tarefa que vem sendo realizada desde os primeiros celtólogos europeus, depois do advento da Arqueologia como ciência em meados do século XIX.

"Não basta ler os clássicos, é preciso saber lê-los." Essa assertiva é tão conhecida quanto é difícil saber quem está realmente lendo corretamente. A matéria céltica presente nos clássicos é talvez a que oferece maiores dificuldades de interpretação entre dados materiais (Arqueologia) e fontes escritas relacionadas. Os druidas e druidesas apareceram na literatura gaélica e britônica (de língua bretã/galesa, não confundir com britânica) no período medieval a partir do início do século VI (data dos manuscritos), revelando um hiato de mais ou menos quatrocentos anos entre os últimos registros dos autores gregos e latinos e a produção medieval céltica. Isso problematiza toda interpretação do que teriam sido os druidas da Antiguidade céltica: como uma classe tão importante teria desaparecido dos registros e da história ocidental para reaparecer séculos depois como uma casta singular ligada ao culto dos deuses, à profecia, à administração da lei e ao poder político entre as diferentes tribos do oeste europeu? Seriam os druidas míticos da literatura céltica (irlandesa, galesa e bretã) remanescentes dos mesmos druidas da Gália (atual França), que viveram durante a dominação romana e bem antes dela? Seriam os primeiros santos célticos como São Columba (Escócia), São Sansão (Bretanha armoricana), São Patrício (Irlanda), druidas romanizados e primeiros cristãos nas distantes terras desconhecidas? O "desaparecimento" dos druidas no continente seria uma consequência de uma reação de Roma ao poder político desses sacerdotes-juízes que tentavam resistir ao domínio colonizador romano? Foram esses sacerdotes tão poderosos a ponto de estender a tradição druídica até os confins da Europa, ou foram originários do Atlântico, indígenas do oeste europeu que estiveram desde o Neolítico em contato com a África, e por isso tão desconhecidos dos gregos e romanos como se quer fazer crer?

O trabalho de interpretação do mundo céltico continua, incansavelmente, desde o século XIX e as controvérsias são constantes, o consenso sendo uma quimera nos estudos celtas. Essa dificuldade se deve a vários aspectos flutuantes do campo de estudos de uma civilização que teve uma vertiginosa expansão no território europeu. A língua, a mitologia e as práticas religiosas, bem como os aspectos sociais e políticos em confronto com o que se conhece da civilização greco-romana demonstram uma alteridade, uma singularidade em relação ao mundo organizado e documentado de Grécia e Roma.

Para além dos dados materiais da Arqueologia, sabemos dos celtas antigos apenas o que os gregos e romanos disseram deles. Isso porque eles não usaram a escrita para registrar suas narrativas mitológicas, tampouco seus textos sagrados ou seus tratados de medicina. E o que disseram de si mesmos nos chega através da cristianização, sendo, obviamente, uma nova edição da mitologia através dos cristianizados. No entanto, a extensa literatura vernácula céltica, que é medieval, preservou uma memória longínqua dos relatos mitológicos de fundo oral druídico da Antiguidade. Graças aos *filid* da Irlanda (druidas cristianizados, monges escribas que se encarregaram da memória e da mitologia céltica) e dos centros de produção de textos (*scriptoria*) dos monastérios do cristianismo céltico (Irlanda, Reino Unido e Bretanha francesa) muito se preservou desse passado druídico. Quanto aos clássicos, resta-nos a leitura dos textos sob o ponto de vista da alteridade, isto é, para encontrarmos os celtas da Antiguidade nas fontes clássicas precisamos interpretar os relatos à luz do que o outro disse daquele que lhe era estranho ou inimigo.

Há sempre uma tendência muito recorrente em se considerar os relatos de César como fonte primária, fidedigna. Mas o que César disse sobre os druidas da Gália foi incompleto e deixa lugar para várias indagações. O discurso de César é muito mais de um colonizador que desejava mais subsídios de Roma para sua empresa de expansão. Sem mencionar o fato de que muito do que relata sobre os druidas foi compilado de autores precedentes, especialmente Poseidonios, e que muito pouco do que César relata foi presenciado por ele.

E ainda muito há que se pensar do próprio papel do druida na sociedade gaulesa: sacerdote e político, poeta e artesão, médico ou profeta? Ou todas essas funções repartidas em uma classe sacerdotal que dirigia cultos e nomeava chefes de guerra? Qual seria a influência dos druidas no processo de negociação com os romanos, ou seja, qual a dimensão do poder político dos druidas? Sabemos através de César que a palavra embaixador deriva do nome dado a uma classe de homens encarregados de acompanhar os chefes de guerra nas negociações políticas: *ambactos*. Diviciacos é o nome de um druida histórico. Mas a congregação druídica descrita por César já estava em declínio e os celtas da Gália já agonizavam diante das transformações do mundo antigo. O "silêncio dos druidas" e seu suposto desaparecimento no período galo-romano não podem ser entendidos do ponto de vista histórico sem um trabalho árduo de interpretação. Sociedades que guardaram sua memória de forma oral perpetuam essa memória em outra dimensão que não a da literatura escrita.

A profusão de tribos e nações celtas, ou que tenham adotado o druidismo no espaço europeu, constitui certamente uma grande diversidade de aspectos culturais e sociais que ainda merecem muita pesquisa e divulgação. O que sabemos atualmente é pouco, mas é o suficiente para não descartar uma verdade absoluta: os druidas representaram, na Europa Ocidental, uma classe de homens que trouxeram dos mais remotos tempos da humanidade e da civilização uma sabedoria que nasceu com a investigação das estrelas e com a busca de uma realidade transcendente. Quão antigos eles são, de onde surgiram e para onde foram? Perguntas difíceis de responder resumidamente. Vamos nos lançar nessa aventura céltica sabendo que não será inútil uma síntese. O importante são as boas perguntas.

A etimologia – os homens do carvalho ou os homens da sabedoria

Muitas são as dificuldades encontradas pelos filólogos e linguistas em relação à etimologia do druida. Essa dificuldade confirma a antiguidade do termo, muito provavelmente associado em tempos bem remotos ao termo grego que designava carvalho (*drys*, em grego). Nesse caso, é impossível saber exatamente onde houve a imbricação do termo com a noção do sacerdote celta ligado ao culto do carvalho. Todas as fontes antigas relacionadas aos druidas são compilações de autores anteriores anônimos, e o contato com esses sacerdotes não foi testemunhado pessoalmente pela maioria dos autores clássicos. Em geral, os estudiosos tendem a aceitar que a origem da palavra *druida* é completamente obscura, embora isso não impeça as tantas tentativas de explicação etimológica. Muitos tendem a afirmar que a instituição é pré-céltica, o que nos faria pensar em tempos pré-históricos de difícil datação (antes de 1600 a.C.). Mas é certo que a palavra *druida* pode ser relacionada a duas significações: à sabedoria e ao carvalho. Obviamente, nas línguas célticas atuais e ainda vivas, que são o gaélico (Irlanda e Escócia), o galês (do País de Gales) e o bretão (Bretanha francesa), o termo é conhecido desde os primeiros manuscritos medievais a partir do século VI.

Em gaulês, ou seja, a língua morta dos celtas do Continente, a palavra é conhecida através dos relatos de gregos e romanos e de algumas inscrições galo-romanas. A interpretação mais comumente aceita é de que o termo serve para expressar uma categoria de sacerdotes que "tinham a sabedoria do carvalho". Mas as divergências de opinião tão comuns na matéria e sobretudo na etimologia das palavras de origem céltica nos obrigam a não estender aqui as explicações sobre o termo. O que é certo e ninguém duvida é que esses homens pertenceram a uma casta étnica ou aristocrática que durante mais de mil anos esteve atuando como guardiã de uma tradição oral preservada através dos séculos nas escolas druídicas.

Essas escolas são atestadas pelas fontes antigas. César e outros autores afirmaram ter sido o druidismo originário da Britannia (atual Inglaterra), para onde seguiam os jovens a fim de se tornarem druidas. Essa formação duraria vinte anos, ao final da qual o postulante passava a atuar como sacerdote. Mas também, segundo o próprio César na sua obra *A guerra das Gálias*, os éduos, que habitavam na região da atual Borgonha, na França, mantinham escolas druídicas para os jovens da aristocracia. Uma bastante famosa ficava no centro da França, em Autun, região onde se encontra uma cidade galo-romana de grande importância chamada Bibracte.

Claro que uma designação que veio das mais distantes épocas não seria tão facilmente reduzida a apenas uma metáfora. Tanto gregos quanto romanos tentaram identificar esses homens misteriosos e a designação que traziam. Os druidas tiveram ao longo da historiografia outros nomes: adivinhos, filósofos, bardos, fisiologistas e magos. De qualquer forma que os tenham conhecido os antigos, os druidas foram designados como donos de uma sabedoria oculta e um poder de representação social entre os povos celtas. Suas origens remontam certamente a um tempo pré-histórico e não se sabe quando nem onde surgiram.

Mas quem foram os celtas? É difícil responder a essa pergunta simples. Procurando pelo mapa podemos imaginar invasões sucessivas e imperiosas. No entanto, sabe-se, hoje, que a teoria das invasões caiu por terra. Sem pecado do trocadilho, a extensão das culturas célticas só pode ser explicada por uma língua-cultura que se expandiu através das rotas marítimas e fluviais. As águas sempre foram sagradas desde os tempos mais remotos. Seria por acaso que o nome do druida mais conhecido e querido de todos, o famoso Merlim, estaria ligado a uma imagem do mar? Merlim ou "aquele que veio pelo mar". Belo nome para um druida.

Mas voltemos aos druidas antigos (porque Merlim é medieval): eles não foram apenas sacerdotes, mas também legisladores e embaixadores nas negociações dos tratados tribais. Não havia separação entre a vida civil e a vida religiosa – e poderíamos imaginar alguma coisa parecida com os talibãs no Afeganistão para tentar uma aproximação com o nosso mundo aqui no terceiro milênio. A diferença seria em relação às mulheres, que também atuavam na esfera do sagrado, nas dimensões próprias que engendram o feminino.

A Gália, região que hoje compreende a maior parte da França, é o território de onde conhecemos os druidas históricos da Antiguidade. Embora César e ou-

Detalhe do deus com chifres no caldeirão de Gundestrup, encontrado na Dinamarca.

tros autores antigos tenham assinalado a existência de druidas na Bretanha (atual Inglaterra), apenas dois gauleses e um armoricano ganharam registros nos textos gregos e romanos (a Armórica da Antiguidade é o território onde está localizada hoje a Bretanha francesa). Ausónio, autor latino que escreve em 328 cita em latim o nome de um druida armoricano – *Phoebicius*. O comentário é significativo: esse aristocrata armoricano pertencia a uma família druídica, o que é sem dúvida um dado importante para a constatação de que os druidas, de alguma forma, sobreviveram no silêncio que lhes fora imposto... ou negociado. Diviciacos, que era sem dúvida um druida dos éduos, negociou com César já no momento em que a classe sacerdotal e legisladora dos druidas da Gália se alinhava ou na clandestinidade ou nas fileiras do Império. Um foco de resistência certamente permaneceu enquanto outros aristocratas de famílias druídicas passaram a atuar como romanos.

A romanização dos druidas precedeu a cristianização. Mas qualquer que seja o impacto dessas duas etapas civilizatórias – romanização e cristianização – o druidismo, enquanto diferença, sobreviveu nas literaturas célticas, no folclore medieval e na cultura popular até os dias de hoje. Sem falar nas neotribos da religiosidade *new age*, mas esse é um outro assunto céltico.

Ritos, doutrinas

A crença dos druidas na imortalidade da alma e no seu renascimento é claramente descrita pelos clássicos, bem como a inexistência de espaços infernais como o Hades grego. O outro mundo dos imortais era paralelo ao mundo visível e as almas dos parentes mortos ou dos guerreiros de batalha permeavam todo o espaço fatual. Toda recordação material era uma presença, um elo com o sagrado mundo das almas imperecíveis. Assim, as cabeças dos inimigos, bem como as dos parentes e seres amados, eram cultuadas ou como troféus ou como emblemas de memória. Na Bretanha francesa, até o final do século XX se praticava um velho ritual druídico cristianizado: o de guardar o crânio dos parentes em caixas de madeira no ossuário da igreja local. Os outros restos mortais eram queimados, numa clara concepção de que o crânio guardava a alma do morto. Mas isso tudo, é claro, camuflado numa prática cristã céltica, como tantas outras de fundo druídico.

Quando gregos e romanos já consideravam o sacrifício humano um ato de barbárie, os celtas ainda praticavam esse ritual em honra aos deuses. Esses rituais eram presididos pelos druidas, sem os quais nada poderia ser feito no âmbito do sagrado. Outra prática conhecida era a necromancia, que consistia na leitura de sinais interpretados segundo a maneira pela qual o sacrificado caía depois de um golpe fatal ou através de suas vísceras, dentre outros sinais macabros de que desconhecemos a leitura. Inúmeras eram as formas de sacrifícios humanos: crucificação, rajadas de flechas, fogueiras de humanos misturados a animais domésticos ou selvagens (caça), decapitação, e outras práticas das quais desconhecemos a significação exata.

A complexidade da história desses sacerdotes do mundo celta, porém, não permite defini-los apenas a partir dessas práticas macabras. Eles estiveram relacionados aos pré-socráticos, como atestam algumas fontes antigas, sobretudo dos autores alexandrinos, que, embora tenham escrito num período posterior aos autores mais conhecidos, como Poseidonios, César, Diodoro, Estrabão e Tácito, puderam, a partir da famosa biblioteca de Alexandria, coletar informações mais antigas sobre a origem dos druidas. Segundo esses autores, dentre os quais os mais significativos para nosso tema são Clemente de Alexandria, Diógenes Laércio e Cirilo de Alexandria, a filosofia teria nascido entre os bárbaros, dentre os quais os druidas celtas. Pitágoras teria sido influenciado por esses sábios, que conheciam os cálculos matemáticos e a astronomia. Chegamos então a um dos debates mais difíceis dos estudos celtas. A tarefa de compreender o mundo dos druidas, que se estende não só num espaço territorial imenso, mas também em uma longa jornada através dos tempos, entre práticas de necromancia e filosofia transcendente. Para complicar, temos os registros materiais que os arqueólogos insistem em dizer que não podem ser tomados como evidências concretas, por exemplo, da tumba de um druida. Alguns instrumentos para operações cirúrgicas podem evocar o sacerdote, mas não são suficientes para confirmá-lo como representante do druidismo. Sem registros epigráficos, contrariamente aos sacerdotes dos cultos gregos e romanos, o druida permanece desconhecido da Arqueologia e, no entanto, amplamente citado pela literatura. Mistério. Para nós, ficaram apenas os restos mortais dos sacrificados, que são inúmeros.

A escrita ogâmica, registrada sobretudo na Irlanda e no País de Gales, é considerada registro druídico e é, na verdade, muito mais um registro icônico hermético do que um alfabeto. Esses símbolos foram usados certamente para fins de magia e culto a personagens divinizados, guerreiros que marcaram sua passagem neste mundo através de feitos extraordinários. Mas muito ainda se especula sobre a interpretação desse "alfabeto" misterioso, que jamais poderia ser usado para transmissão textual, como pode se constatar na simples observação de seus símbolos.

Muito se falou sobre os druidas nos textos clássicos. Mas é preciso entender que uma classe sacerdotal que tratava seus ensinamentos de discípulo a discípulo e com restrições severas à divulgação de seus preceitos misteriosos não faria a transmissão de seus ritos e sua ciência mágica ao estrangeiro, inimigo ou aliado. Por essa razão, embora os autores clássicos tenham se referido constantemente a esses homens-sacerdotes-legisladores, muito pouco, no entanto, foi registrado sobre suas práticas mais detalhadamente, tendo sido transmitidos apenas os elementos fundamentais de suas doutrinas.

Além da crença absoluta na imortalidade da alma e em sua migração para um outro mundo paralelo, bem como sua transmigração para formas animais – especialmente pássaros e peixes –, outro elemento significativo são as profecias através da observação dos astros e de uma numerologia sagrada, na qual o numero três representava a expressão do mundo oculto das formas naturais e divinas de tudo o que existe entre o céu e a terra. Estrabão (século I a.C.) atribui aos druidas a afirmação de que, embora a alma fosse indestrutível, assim como o mundo e as estrelas, um dia, no final dos tempos, a água e o fogo prevaleceriam.

Havia subdivisões das funções druídicas, que aparecem tanto nos textos medievais célticos quanto nos autores clássicos que assinalaram diferentes termos para identificar esses sacerdotes. De uma maneira simplificada podemos falar de druidas como um termo genérico para identificar os sacerdotes encarregados de administrar os ritos sacrificiais e a justiça.

Uma segunda categoria são os vates. Como o nome latino indica, são aqueles encarregados da adivinhação, ou seja, de predizer o futuro através da leitura de sinais naturais. Uma terceira categoria eram os bardos, encarregados da transmissão da memória, dos tratados poéticos e das narrativas mitológicas.

A tradição oral e as literaturas célticas

Voltemos, então, à cristianização e à nova etapa civilizatória que trata o texto como fonte de sabedoria sagrada e a escritura como meio de perpetuar a memória, servindo também como instrumento pedagógico. Através das primeiras literaturas célticas – que são de fundo oral, mas transmitidas através do texto escrito –, podemos conhecer o mundo misterioso dos druidas e viajar com eles por um universo fascinante. Mas a cristianização dos druidas é um outro tema difícil de ser explorado em poucas linhas. Existiu uma ruptura doutrinal e definitiva entre cristianismo e druidismo, certamente. Não é raro encontrarmos nas hagiografias dos santos célticos druidas e druidesas, porém como personagens negativos, como não poderia deixar de ser.

O cristianismo precisava se impor e, nesse percurso, só podemos entender o registro das narrativas mitológicas célticas como uma maneira de preservar a memória de uma civilização que fazia parte de um outro domínio, diferente do mundo clássico conhecido, mas que havia imprimido sua marca definitiva a ponto de não ser eliminada por uma nova religião ou pela romanização. Segundo Christian Guyonvarc'h, um dos maiores especialistas no assunto, os druidas estão sempre no centro das diferenças e para se entender esses sacerdotes é necessário mergulhar em um mundo pouco conhecido, resultado de uma história marginal. Essa diferença implica também uma diferença de abordagem, o que não é de maneira alguma um aspecto facilitador para o especialista em temas celtas, quanto mais para o iniciante ou o diletante da matéria.

Por que os druidas não escreveram? A resposta só pode nos chegar através dos escritos. Primeiro mistério. Por que uma religião da oralidade não pode ser compreendida sem os escritos? Ora, porque a transmissão de discípulo a discípulo numa religião arcaica só pode ser feita através do ser vivo – daquele que fala e escuta. Uma transmissão da tradição pressupõe aquele que fala e transmite. E os druidas desapareceram no período antigo para reaparecer somente nos textos medievais célticos. Na falta deles *in vivo*, que venham os registros textuais. E se os druidas não escreveram na Antiguidade, resta-nos, então, as literaturas célticas medievais. E que resto! O maior mito literário medieval é de origem céltica: Arthur. Obviamente acompanhado de seu famoso druida Merlim. Ele mesmo nascido e invocado como filho do diabo – coloração cristã do antigo mito céltico da criança escolhida, do rebento profetizado, do homem de sabedoria, intermediário entre o mundo dos homens e o outro mundo para onde vão as almas depois da morte.

Para os druidas da Antiguidade, a escrita era um meio sagrado de comunicação com os deuses, e eles a usavam como ritual religioso. Mas o meio de se transmitir o sagrado era pela oralidade. Assim, os ensinamentos não foram transcritos e organizados em literatura escrita. O fundo era oral, a prática era oral. O interessante é que a interdição da escrita não ofuscou a memória, ao contrário, tornou possível a transmissão, durante séculos, na clandestinidade e depois através de um cristianismo céltico singular, de toda uma mitologia céltica – precioso caldeirão para os comparatistas do mundo indo-europeu. Gregos, romanos, persas e fenícios fazem parte desse caldeirão de mitologia da Antiguidade. Cabe a nós agora tentar entender uma civilização pouco conhecida e porém tão perto de nós através de nossas heranças europeias.

Hoje ainda podemos conviver com a representação do druida para o grande público, resultante do que nos foi transmitido pelos autores clássicos e medievais. O ancião de longa barba e vestes brancas é o mais comum, como nas divertidas histórias de Asterix e do druida Panoramix, ou no cinema, na adaptação da obra de J. R. R. Tolkien, *O senhor dos anéis*. Segundo esse autor, tudo é possível no fabuloso mundo das brumas célticas.

Inúmeros são os registros de uma memória druídica nas literaturas célticas. No livro das conquistas da Irlanda, que faz parte do ciclo mitológico da literatura irlandesa, o mítico druida Bardo Amorgem canta o seu canto de tempos imemoriais e de sua alma jamais perecível na transmigração de elementos psíquicos em corpos naturais, testemunho precioso do que foi preservado pelas mãos dos monges de um cristianismo fascinante. Através dessa pequena amostra esperamos que o leitor possa deduzir por si mesmo o quanto é rica e fascinante a herança das literaturas célticas e a importância de seu legado para a nossa cultura ocidental.

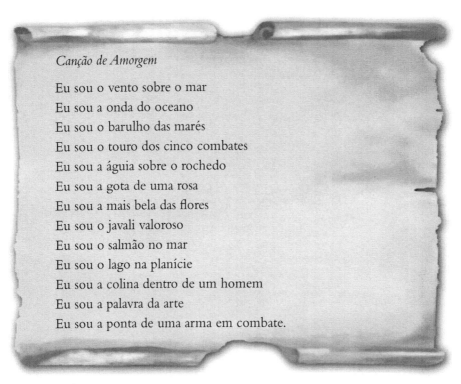

Canção de Amorgem

Eu sou o vento sobre o mar
Eu sou a onda do oceano
Eu sou o barulho das marés
Eu sou o touro dos cinco combates
Eu sou a águia sobre o rochedo
Eu sou a gota de uma rosa
Eu sou a mais bela das flores
Eu sou o javali valoroso
Eu sou o salmão no mar
Eu sou o lago na planície
Eu sou a colina dentro de um homem
Eu sou a palavra da arte
Eu sou a ponta de uma arma em combate.

Bibliografia

BRUNEAUX, Jean-Louis. *Les Druides*: des philosophes chez les barbares. Paris: Editions du Seuil, 2005.

CHADWICK, Nora. *The Druids.* Cardiff: The University of Wales Press, 1966.

FREEMAN, Philip. *The Philosopher and the Druids*: a Journey among the Ancient Celts. New York: Simon & Schuster, 2006.

GUYONVARC'H, Christian; LE ROUX, Françoise. *Les Druides*. Rennes: Editions Ouest-France, 1986.

Vikings

Johnni Langer

A religiosidade nórdica era de natureza tolerante, sem fanatismos nem adoração extremada. Foi fruto de uma sociedade profundamente rural, realista e pragmática, que concedia privilégio a uma magia determinista. As concepções de vida após a morte eram divididas em torno de dois grandes espaços: os que morrem em batalhas, indo para o palácio do Valholl, ou paraíso, juntar-se às valquírias e ao deus Odin; e, de outro lado, os que morrem de doenças, velhice ou acidentes e vão para os subterrâneos do reino de Hel, ou inferno.

Os vikings constituíram a cultura de guerreiros mais famosa da Idade Média. Tanto seus feitos em batalhas, em pirataria quanto nas expedições pelo mundo colaboraram para fazer a sua fama até nossos dias. Mas em especial uma parte de seu legado permanece muito ativa tanto no imaginário como na cultura de massa: as narrativas envolvendo seus deuses e sua mitologia. Apesar dessa permanência, os aspectos relacionados com as práticas de cultos, as crenças cotidianas, a fé em geral, a magia, entre outros, ainda são muito pouco conhecidas pelo grande público. Este capítulo mostrará algumas das principais ideias que a ciência possui sobre a religiosidade dos povos escandinavos durante a Era Viking.

Os vikings foram um dos vários povos de origem germânica que habitaram a Europa, sendo o local de suas atividades as regiões da Suécia, Noruega, Dinamarca e a ilha da Islândia. Também houve regiões do Velho Mundo que receberam colonização ou influência dos vikings, especialmente as ilhas britânicas, o norte francês e a Rússia. Algumas dessas localidades também preservaram importantes resquícios para o estudo religioso. O período que estamos considerando é a clássica Era Viking, que se inicia em 793 com o ataque ao mosteiro de Lindisfarne na Inglaterra, e termina em 1066, com a morte de Harald Hardrada e a invasão dos normandos, ambos na Inglaterra.

Sendo basicamente uma fé não-revelada, isto é, sem uma data histórica de origem – a exemplo do cristianismo, islamismo e budismo –, o início da religiosidade viking é desconhecido. Algumas de suas principais estruturas já existiam no período romano clássico, entre os povos da Germânia, mas muitos aspectos só foram introduzidos entre os séculos V e VI d.C., principalmente por influência da área finlandesa e báltica. O desenvolvimento das crenças escandinavas, dessa maneira, se formou com base em um passado pangermânico da Antiguidade, com estruturas próprias e com influências externas já no período medieval.

Filosofia e concepções de mundo

A fé nórdica não possuía nenhum livro sagrado, nenhum dogma principal, nenhuma estrutura centralizadora de pensamento e coesão filosófica, a exemplo de outras religiões não-reveladas e politeístas da Europa. Pelo contrário, cada região e período da Escandinávia conheceu crenças diferentes, com variações também a nível social. Não existiam conceitos absolutos de bem e mal. Desse modo, a religiosidade era muito mais baseada no culto do que no dogmático e metafísico; estruturada em atos, gestos e ritos significativos, girando em torno do sacrifício. O paganismo nórdico era de natureza tolerante, sem fanatismos nem adoração extremada e, ao contrário do que se imagina com frequência, manteve contato com a Europa cristã. Foi fruto de uma sociedade profundamente rural, realista e pragmática e que concedia privilégio a uma magia fatídica. Alguns mitos foram comuns a todo o mundo nórdico, mas tinham versões diferentes conforme a região. Isso porque grande parte das narrativas sobre os homens e os deuses foram baseadas em uma tradição oral, que com o tempo sofria transformações de conteúdo e forma.

Os escandinavos possuíam mitos de origem e destino do universo e seus componentes. No início dos tempos teria existido um abismo chamado Ginnungagap. Próximo dele se estendiam duas regiões, uma gelada e nebulosa com o nome de Niflheimr, e outra clara e resplandecente, denominada Múspell. Quando o gelo de Niflheimr caiu no abismo e derreteu, formou um gigante, Ymir, e uma vaca, Auðumla, que lambeu o gelo salgado. Conforme ela lambia, surgiam seres antropomórficos: os deuses Óðinn (Odin), Vile e Vé, que mataram o gigante Ymir. A partir desse cadáver, o trio formou toda a estrutura do universo conhecido, desde a abóbada celeste até os homens. A base do cosmos seria uma árvore, conhecida como Yggdrasill, que uniria os três níveis do universo (dos deuses, dos homens e os submundos) e os nove mundos: Hel, Niflheimr, Jötunheimr, Miðgarðr, Nidavellir, Svartalfheimr, Alfheim, Vanaheim e Ásgarðr.

Os nórdicos acreditavam também que, no futuro, as principais deidades seriam destruídas e o universo renovado: na batalha final da planície de Vígrid, durante o Ragnarök, no qual deuses e monstros tombariam sem distinção. Odin seria morto pelo lobo Fenrir; o cão Garmr mata Týr; Þórr (Thor) vence a serpente (que antes lança veneno pelo mundo), mas morre em seguida pela sua mordida; Viðarr mata Fenrir; Surtr coloca fogo no mundo e mata Freyr; Heimdallr tombará vítima de Loki. Em seguida, um novo mundo é criado, com a sobrevivência de alguns deuses (como os filhos de Thor) e o ressurgimento de Balder. Nesse caso, é possível que o próprio pensamento pagão tenha sido influenciado pelas narrativas bíblicas do apocalipse, durante o período de transição do paganismo para o cristianismo, segundo várias pesquisas.

O panteão dos deuses

O mais poderoso deus era Odin, chamado pelos germanos antigos de Wotan e considerado o "pai dos deuses". Ele era membro da família de divindades chamadas de ases, marido de Frigg e pai dos deuses Baldr, Bali, Höðr, Thor, Týr e Váli. Odin era uma deidade assustadora, furiosa, violenta, cruel, cínica, enganadora, mas ao mesmo tempo também era o inspirador das poesias e da magia. Era ele que presidia as batalhas e do alto de seu trono observava tudo o que acontecia no universo. Possuía dois corvos, Huginn ("pensamento") e Munninn ("memória"), que informavam sobre os acontecimentos do mundo. Possuía um caráter sacrificial: para beber na fonte de Mímir, trocou um de seus olhos; para obter o segredo das runas (alfabeto mágico dos povos germânicos), se autoenforcou trespassado por uma lança. Odin cavalgava em um cavalo de oito patas (Sleipnir) e portava uma lança mágica (Gungnir).

A entidade mais popular das crenças nórdicas foi Thor, o deus do poder e da força, dos juramentos, do raio e relâmpago das chuvas e do tempo. Utilizando seu martelo (*Mjöllnir*), Thor defendia os humanos e os deuses dos poderes destrutivos dos gigantes. Também possuía um cinturão mágico, que duplicava sua força, e um par de luvas de ferro. Ele viajava com uma carruagem puxada por dois bodes e era casado com *Sif*, a deusa dos cabelos de ouro. Muitas das façanhas de Thor estão associadas com batalhas contra os gigantes ou monstros. Uma de suas mais famosas aventuras foi pescar a serpente do mundo (Miðgardsormr), com ajuda do gigante Hymir. Quando o monstro fisgou a isca, o gigante apavorado cortou a linha e o monstro foi libertado.

A deusa mais famosa da Escandinávia pagã foi Freyja, regente do amor, prazer sexual, casamento e fertilidade. Ela dividia metade dos mortos com o deus Odin. Nos mitos associados a ela, geralmente Freyja aparecia com características devassas. Para obter o colar Brísingamen, por exemplo, ela dormiu com cada um dos anões que o fabricaram. Loki acusou Freyja de ter feito sexo com quase todos os deuses, incluindo seu irmão Freyr. A deusa foi casada com o misterioso Óðr, e durante as suas frequentes ausências, Freyja chorava lágrimas de ouro. Para viajar, utilizava uma carruagem puxada por gatos, ou se transformava em um falcão.

O líder da família de deuses vanes foi Freyr, filho de Njörðr, associado com a boa fertilidade, o controle do sol e da chuva e o frutificar da terra. Ele era invocado para as boas colheitas e a paz. O simbolismo de seu caráter de fertilidade pode ser observado na história mítica de seu casamento com a gigante Gerda (Terra). A dinastia sueca dos Yngling dizia-se descendente desta união. O deus possuía um barco mágico que podia ficar de pequeno tamanho.

Týr foi uma divindade associada com a guerra. Entre povos germânicos anteriores aos vikings, como os saxões, o deus Týr (Tiwaz) era a principal divindade das batalhas, mas essa característica acabou sendo suplantada por Odin durante a Era Viking. Na mitologia, era o mais bravo dos guerreiros: no momento que os ases tentaram prender o lobo Fenrir, chamaram Týr para que colocasse seu braço direito na boca do monstro como garantia. Logo que percebeu a armadilha, Fenrir devorou o membro.

Balder era o deus escandinavo identificado com a perfeição, filho de Odin e Frigg. Em Ásgarðr era reverenciado como um deus bondoso, formoso e muito popular. Na versão do mito registrada por Saxo Grammaticus, Balder foi morto por seu irmão Höðr, devido à rivalidade pela conquista de Nanna.

O mais enigmático dos deuses foi Loki (na realidade um semideus). Filho do gigante Fárbauti e de sua esposa Laufeia, era uma deidade inteligente, humorada, maliciosa, enganadora e completamente amoral. Em várias situações podia auxiliar os deuses, mas em outras foi o principal motivador de intrigas e do próprio fim de sua estirpe.

A vida após a morte

Basicamente as concepções de vida após a morte são divididas em torno de dois grandes espaços: os que morrem em batalhas, indo para o palácio do Valholl juntar-se às valquírias e ao deus Odin; e de outro lado, os que morrem de doenças, velhice ou acidentes e vão para os subterrâneos do reino de Hel. Também existem algumas variações: algumas fontes relatam que as mulheres virgens iriam para o palácio de Gefyon, outras, que elas dirigiam-se para o de Freyja. Escravos e fazendeiros seriam destinados ao reino de Thor.

A maior parte das fontes que sobreviveram destacam a menor parte da sociedade: aristocracia e realeza. Abundam estelas funerárias representando imagens de guerreiros mortos sendo recebidos no Valholl, além de símbolos religiosos relacionados ao culto do deus Odin. As pesquisas demonstram que os dois maiores tipos de enterros do período, cremação e inumação, estiveram relacionados aos cultos. Enquanto a queima estava atrelada à fé odínica, os enterros de corpos e objetos tinham um caráter mais ligado aos fazendeiros, ao deus Thor ou aos vanes, como Freyr.

A noção do "nada" não existia entre os vikings, sendo totalmente estrangeira. A morte não era jamais um termo absoluto nem mesmo uma ruptura radical. Era considerada uma simples mudança de estado. Morrer era passar à esfera dos ancestrais, com o saber e poder tutelar. Pode-se também retornar à vida sob outra forma como a reencarnação, que era limitada ao clã. Perpetuar um nome era necessariamente ressuscitar um ancestral, relacionado ao *óðal*, o patrimônio indivisível que se transmite de geração para geração.

Não ocorria uma demarcação clara entre vivos e mortos. A circulação de um domínio e outro não era jamais interrompida – os mortos frequentemente vinham informar aos vivos sob a forma de aparições, revelações, sonhos, signos e símbolos. A mentalidade germânica não possuía uma consciência clara e objetiva de outro mundo: é o cristianismo que o introduz. Se analisarmos as fontes literárias, não teremos somente um e sim vários mundos intercalados.

Os rituais e as práticas

A família era o centro da comunidade, estreitamente relacionada com a fertilidade-fecundidade, em uma sociedade rural de paz e prosperidade. Os principais cultos eram relacionados aos ciclos sazonais ou a situações de crise: batismos, funerais, sagrações de terras e templos, juramentos. A religiosidade viking reduzia-se a gestos significativos, com uma segunda intenção muito utilitária que respondia ao "dou para que me dês", a costumes e práticas imediatamente realizáveis, ou seja, era um sistema de fé extremamente empirista. O escandinavo escolhia um protetor, com quem mantinha relações de tipo muito pouco comum, o transformava em um amigo querido e até levava um amuleto com sua imagem. O nórdico mantinha vínculos de tipo pessoal e utilitário com o deus ou deuses que havia decidido reverenciar, uma espécie de contrato. Fora das grandes celebrações, o viking não manejava um conjunto de concepções de tipo muito abstrato com respeito ao divino. Esse homem pragmático, realista, não praticava a oração, a meditação, nem a mística. Quando necessitava, ele invocava o seu deus particular sob a forma de petição e não de reza, oferecendo alguma coisa em troca.

A religião reservava certas funções religiosas ao principal representante do clã, como ocorria em determinadas sociedades fundadas inteiramente sobre a noção de família. Era a família que executava as obrigações dos cultos e, como entre os antigos germanos, as formas ritualísticas eram antes privadas do que públicas. O chefe de família era o executante de todos os grandes rituais sazonais ditados por um evento (casamentos, nascimentos, funerais, cerimônias do *aettleiðing* – introdução de um novo herdeiro em uma família), ou um sacerdote em caso de sacrifícios.

No plano ritual, a especialização familiar do culto se fazia conhecer igualmente pelo *öndvegi*, o assento sagrado reservado ao chefe da família, o signo das prerrogativas religiosas. A família também era o fundamento do direito, a garantia da paz, e sua dissolução considerada uma blasfêmia e um sacrilégio. A relação entre religião e direito era muito antiga entre os germanos, como podemos perceber no mito de Týr. Os procedimentos jurídicos eram conectados com a religião, e a justiça e a lei deveriam ser reproduções da fala dos deuses. Juramentos eram regulamentados pelo paganismo e considerados muito sagrados, geralmente solenizados em áreas sagradas e grandes assembleias (*things*), tendo as divindades ases como testemunhas.

Os valores de fertilidade e fecundidade predominavam nas sociedades germânicas. Era um mundo concebido sobre a fórmula anos fecundos e paz. Os bons reis e chefes de famílias eram os que assumiam a função dos grandes ancestrais, fertilizando simbolicamente a terra e trazendo a paz coletiva. Na *Saga de Viga-Glúmr*, o zelador do deus e de sua devoção preferia ter objetos intermediários de adoração, que personalizavam o deus Odin. A manutenção da sacralidade pública requeria um investimento de tempo e poder, e sua dessacralização clamava por uma imediata e decisiva retribuição.

Os festivais religiosos tinham conexão com eventos astronômicos importantes, como equinócios e solstícios. A *Ynglinga Saga*, de Snorri, menciona as três principais festividades religiosas, a do começo do inverno (festejada com sacrifícios humanos), a do solstício de verão (para crescimento da lavoura), e as do meio do verão, para a vitória.

O sacerdócio

Os sacerdotes nórdicos não constituíam uma ordem separada da população comum, e não havia separação entre laico e sagrado. Não existia sacerdócio profissional e a responsabilidade cabia ao rei ou chefe local. Para a maioria dos especialistas, jamais teria existido uma "casta" de sacerdotes ou servidores encarregados do sagrado, já que o sacerdócio era circunstancial: não se conheciam ritos de iniciação ou cerimônias de formação de sacerdotes entre os vikings, a exemplo do que ocorria entre os druidas celtas.

Mulheres também participavam da condução de sacrifícios e de outros ritos para adoração dos ases, e no caso da Islândia praticavam a profecia. A sacerdotisa possuía um sinal dessa função – um colar, do qual a Arqueologia oferece alguns exemplares, como o de Alleberg (Suécia, século VI), no qual figura uma personagem que representa uma sacerdotisa. Mas também não podemos afirmar que existia um *corpus* constituído de sacerdotisas profissionais. As mulheres aparecem muito mais nos rituais da casa e da família do que nos ritos públicos.

Na Islândia, os chefes de família tornaram-se os executantes dos ritos do *blót* ou sacrifício semidivinatório e semipropiciatório (século IX e início do X). Um certo número de pessoas importantes possuía o título de *goði* – essa noção evoluíra em seguida, para o caso islandês, em um sentido político e jurídico. Também em muitos distritos islandeses, esses sacerdotes serviam como mantenedores da ordem e negociadores de disputas legais, advocacias, diplomacias e força. Como não existiam reis nessa região, eles serviram como uma espécie de líderes locais circunstanciais, mas mesmo assim nunca formaram uma classe social definida. Para tornar-se *goði*, o fazendeiro não passava por nenhuma investidura formal, não havia juramento da função, nenhuma promessa ante uma divindade, apenas era responsável pelas mínimas diretrizes definidas pela lei e pela pressão da opinião pública. A política oficial da comunidade garantia ao líder uma autoridade formal.

Os templos

Locais sagrados e de culto (bosques, fontes, poços, locais altos, montanhas) são mencionados nas fontes, mas sem muitas descrições pormenorizadas. Na realidade não existem indícios de templos especializados, ou seja, construções edificadas originalmente para espaços religiosos. O chefe Throrolf Mostrarskegg, em seu templo de Thor na ilha Moster, edificou uma plataforma com uma estátua da mesma divindade. A porta de entrada situava-se na lateral do templo, ladeada por colunas sagradas, com uma plataforma e altar em seu interior. Muitas edificações religiosas foram descritas como portando grandes anéis e correntes em suas portas, a exemplo de Uppsala e dos templos da Noruega. No *Livro da colonização*, um poeta afirmou que uma sala comum da fazenda foi momentaneamente convertida em templo para a celebração de sacrifícios ou cerimônias familiares. Muitos acreditam que essas descrições de templos, na realidade, foram influenciadas pelo referencial cristão no momento em que foram compiladas.

Uma religiosidade profundamente inserida na paisagem natural – desde os primórdios essa relação com a natureza foi típica da sociedade nórdica. A própria ideia da árvore cósmica, *Yggdrasill*, mostra-nos como um elemento do campo podia tornar-se

Cemitério pagão de Lindholm Høje, na Dinamarca. Os túmulos apresentam a forma de embarcações, delimitados por menires.

preponderante na visão de mundo. Florestas, cachoeiras, colinas, pedras, bosques e árvores possuíam forte atratividade para os escandinavos, além de remotas representações rupestres de astros como o sol e a lua. Esses são os terrenos dos espíritos tutelares das regiões naturais. Contudo, também as regiões selvagens abrigam os espíritos dos humanos mortos, muitas vezes montanhas foram consideradas sagradas, mas, de maneira geral, os falecidos eram enterrados próximos às famílias, pois a essência do paganismo nórdico era o culto aos ancestrais. A comunidade familiar e o parentesco eram o único suporte e base da religião pagã, essencialmente rural e sem centralização.

A magia entre os nórdicos

Um tema característico da religiosidade germano-nórdica é a recorrência da magia, especialmente de uma magia fatídica, porque suas funções, muito mais que defensivas ou ofensivas, são antes de tudo divinatórias e sacrificiais. Segundo Régis Boyer, a noção de duplo preside essa concepção de homem, de vida e de mundo. A entidade humana viveria em permanente simbiose com as potências, com os saberes, com a presença dos ancestrais. Um homem não existiria por ele mesmo, mas pela participação que ele assume com uma ordem superior. Desse modo, a magia é o sentimento da presença constante do sobrenatural, presidindo a todas as manifestações da existência.

A magia era de caráter muito mais divinatório do que conjuratório ou propiciatório. Em vários aspectos, a religiosidade era de características xamânicas; sendo assim, a magia escandinava foi a arte de fornecer o poder que assombra e interfere em nosso mundo e, portanto, nada espanta ver os deuses vanes praticando a arte mágica na mitologia. Geralmente, os especialistas em magia eram pessoas à margem da sociedade: o xamã, o guerreiro *berserker*, as praticantes de *seiðr*, todos representam figuras marginais, associados com poderes sagrados, existindo como párias.

Algumas pesquisas consideram uma relação direta entre práticas de feitiçaria nórdica e a recorrência às intrigas. Os boatos seriam a única forma de poder para vagabundos, andarilhos, trabalhadores pobres e mulheres, ou seja, seriam formas de resistência cultural. A consulta para adivinhações, por exemplo, frequentemente usadas em disputas, era um caminho para a difusão de "fofocas". Outro vínculo é entre feitiçaria e micropolítica das comunidades escandinavas, como resultado de conflitos, punições, reestruturações familiares, rupturas nos relacionamentos sexuais e na instabilidade na vida feminina.

Um tipo específico de magia era o *galdr*, constituído basicamente de palavras para curas, cuja performance envolveria uma voz estridente e aguda. O deus Odin foi chamado de mestre do galdr. Mas a prática mágica mais utilizada durante a Escandinávia viking foi o *seiðr* ("canto"), que em muitos casos foi descrito como feitiçaria realizada para "ferver" certos objetos imputados de poderes mágicos, sendo utilizado como um rito adivinhatório para assassinato, ou ainda relacionado a quatro ações básicas: prever o futuro, aprisionar, causar doenças e desgraças ou matar. Era um tipo de magia extática e xamânica com transe, êxtase do celebrante e cantos da assembleia, geralmente realizada durante a noite e praticada sobre uma plataforma chamada de assento para encantamento. Também compreendia fórmulas mágicas para chamar tempestades e todos os tipos de injúrias, metamorfoses e predição de eventos futuros. Criada na mitologia pela deusa Freyja, era praticada especialmente por mulheres. Como para o xamã, a praticante de *seiðr* deveria descer ao mundo dos mortos para relatar os ensinamentos que buscam os vivos e para efetuar certos malefícios. O *seiðr* respondia primariamente a situações de crise e requeria, neste contexto, uma clientela e a participação de uma assembleia. O ritual apelava para o auxílio de espíritos, informações divinatórias e o controle da mente.

O fim e o renascimento do paganismo nórdico

De modo geral, a religiosidade nórdica encerrou-se com a cristianização dos países escandinavos a partir do século XI. Enquanto alguns desses países foram forçados ao cristianismo de modo violento (como a Noruega), através da conversão dos seus líderes e, por consequência, de todos os membros da sociedade por meio de coerção militar, outros foram convertidos de maneira pacífica, a exemplo da Islândia. Algumas formas da religiosidade, como as práticas mágicas efetuadas pelos camponeses, demoraram muito mais para desaparecer após a conversão, algumas mesmo chegando a constituir elementos importantes da religiosidade popular sobrevivendo através do folclore.

O renascimento do paganismo nórdico foi efetuado a partir do século XIX, com o advento das nacionalidades modernas, do culto ao passado e do despertar das antigas literaturas. Em especial, um dos movimentos de reconstrução do paganismo, denominado de *Asatru* ("verdade dos ases"), desde os anos 1970 foi reconhecido oficialmente na Islândia e posteriormente em outros países. Outras formas de religiosidade escandinava, como o odinismo, chegaram inclusive a ser parte importante de muitas sociedades secretas na Alemanha. Seja na forma de festivais, casamentos e encontros sociais, o paganismo da Era Viking encontra ainda elementos de sobrevivência, mas também de muitas releituras que o próprio homem contemporâneo projetou sobre os antigos europeus. Uma prova do poder que o homem medieval ainda mantém no imaginário e na cultura dos tempos atuais.

As fontes

Para se conhecer a religiosidade nórdica, os estudiosos costumam recorrer a três principais tipos de fontes primárias: as literárias, as históricas e as arqueológicas. O primeiro é composto principalmente de narrativas de origem oral preservadas na Islândia em nórdico antigo durante os séculos XII a XIV: as *Eddas,* de cunho mitológico, sendo a *Edda Poética* um conjunto de poemas anônimos e a *Edda em Prosa* um manual de caráter prosaico, compilado por Snorri Sturlusson em 1220; os poemas escáldicos, realizados por poetas aristocráticos e de caráter individualizado; e finalmente as *Sagas*, narrativas épicas de caráter histórico, lendário, alegórico ou nacionalista. As fontes históricas são compostas por documentos feitos por autores escandinavos (como Saxo Gramaticus) ou não escandinavos (Adão de Bremen, Ibn Fadlan, al-Tartushi, entre outros) e foram escritas principalmente em latim, alemão e árabe. Já as fontes arqueológicas são de uso mais recente nas investigações, sendo basicamente iconográficas: artefatos recuperados em escavações, a exemplo de amuletos, estatuetas, placas e pingentes; locais que serviram para práticas de cultos, enterros ou devoção; e os mais importantes, monumentos com inscrições rúnicas (o alfabeto pangermânico), imagens e cenas da mitologia e religiosidade nórdica, sendo as mais conhecidas as estelas da ilha de Gotland.

Bibliografia

BOYER, Régis. *Yggdrasill:* la religion des anciens scandinavies. Paris: Payot, 1981.

DAVIDSON, Hilda R. Ellis. *The Lost Beliefs of Northern Europe*. London: Routledge, 2001.

DUBOIS, Thomas. *Nordic Religions in the Viking Age*. Philadelphia: Philadelphia Press, 1999.

LANGER, Johnni. Religião e magia entre os vikings. *Revista Brathair de Estudos Celtas e Germânicos*, n. 5, v. 2, 2005, pp. 55-82. (Disponível em www.brathair.com).

TURVILLE-PETRIE, E. O. G. *Myth and Religion of the North*: the Religion of Ancien Scandinavia. London: Weindelf and Nicolson, 1964.

Albigenses

Sergio Alberto Feldman

O movimento albigense era dualista, compreendendo o mundo dividido entre dois poderes antagônicos, dois deuses ou entidades espirituais que se opõem: um o Deus do bem e da espiritualidade e, no contraponto, um deus maligno, o Diabo, inserido no mundo material e carnal. Para esses "hereges", como os nomeou a Igreja Católica, passar pela Terra seria uma espécie de purgatório, em que a alma buscava se distanciar da matéria para se libertar da prisão do corpo. Suas ideias e sua negação da hierarquia da Igreja tornaram seus seguidores alvo de uma Cruzada entre 1209 e 1212, que prosseguiu nas décadas seguintes em confrontos entre os cruzados e a nobreza e o povo local.

A religião dos albigenses surgiu no seio da cristandade ocidental e contra ela foi direcionada uma Cruzada. Sob a ótica da Igreja Católica, tratava-se de uma "heresia", que posteriormente motivou a criação da Inquisição medieval. O desejo de reprimir essa expressão religiosa iniciou um processo de violenta reação no seio do clero católico e dos poderes temporais associados à Igreja. A "heresia" albigense deixou na memória a marca da violência: foi reprimida a "ferro e fogo" e não sobreviveu a tal reação. Qual o motivo de tanta violência? Por que essa reação da Igreja e dos poderes associados, sejam os nobres, seja a monarquia?

Voltemos nosso olhar para as fontes documentais que nos informam sobre os dissidentes espirituais. Pouco sobrou que tenha sido escrito pelos próprios albigenses. A maioria dos textos ou dos objetos a eles relacionados foi destruída ou queimada pelo clero. O que sobrou, na maior parte das vezes, são descrições feitas por opositores do catarismo e são repletas de preconceito, com difamações e exageros evidentes. A maioria dos documentos que restaram foi escrita por elementos originários da Igreja Católica que criticam os "heréticos" ou articulam informações aos bispos e inquisidores para identificar o "inimigo" que se esconde no seio da comunidade dos cristãos fiéis.

Trata-se do olhar da Igreja sobre o dissidente e não de um texto escrito por algum intelectual ou líder albigense descrevendo suas ideias. Seria o "olhar do opressor" ao descrever o "oprimido". Uma dose elevada de preconceito permeia os textos: há acusações de cunho moral, de feitiçaria e de promiscuidade que devem ser lidas com cautela ou pelo menos criticadas pelos historiadores. Assim, o estudo da seita albigense se reveste de extrema dificuldade: trabalha-se com um discurso oficial, ou seja, a descrição dos dissidentes pelos detentores do poder.

Alguns historiadores estudaram essa documentação e fizeram a separação do que seria acusação e propaganda daquilo que seria verdadeiro. Ainda que não haja consenso, faremos uso das fontes sob a ótica em que são aceitas pela maior parte da comunidade acadêmica.

Como se trata de um grupo dissidente, a Igreja os denomina "hereges" ou dissidentes internos. Seriam originalmente cristãos que romperam com a Igreja e se tornaram opositores já que renegaram os sacramentos, tais como o batismo e a comunhão. E, além disso, não aceitaram mais a verdade cristã e a autoridade da Igreja Católica, a hierarquia e a autoridade dos bispos e do papa. Chamá-los de "hereges" pode significar uma tomada de posição diante do conflito ocorrido há séculos. Por isso usaremos a expressão entre aspas, significando ser essa a visão oficial da Igreja diante de seus dissidentes. E como surgiu essa expressão religiosa? De onde veio? O que estimulou o seu surgimento e sua difusão? Na sequência tentaremos refletir sobre a difusão do dualismo e sua relação com o catarismo albigense.

As religiões dualistas no final do mundo antigo: maniqueísmo

O movimento albigense ou catarismo é parte de uma cadeia de religiões que se denominam dualistas. Dualismo é uma concepção religiosa que compreende o mundo dividindo-o entre dois poderes antagônicos: dois deuses ou entidades espirituais que se opõem, sendo geralmente um deles o Deus do bem e da espiritualidade e, no contraponto, um deus maligno e inserido no mundo material e carnal.

Esse dualismo é muito antigo e há evidências de que suas origens remontem às sociedades pré-históricas. Os registros que temos nos indicam que muitos movimentos dualistas foram contemporâneos ao surgimento do judaísmo e do cristianismo. Entre os locais onde surgiram essas religiões, se sobressai a região da Mesopotâmia e da Pérsia (Irã atual). Nesse espaço de encontro entre as expressões religiosas do Oriente e do Ocidente, deu-se a concepção de inúmeras religiões de caráter dualista. As razões são imprecisas. Alguns autores acreditam que a tensão entre os espaços contrastantes como o deserto com sua aridez e os vales alagados pelos rios, e o choque entre as populações sedentárias e os nômades, possam ser um fator de criação do embate criado no panteão dos deuses regionais, entre entidades benignas e dotadas de fertilidade por um lado e outras com potenciais opostos, ou seja, originadas no deserto e sendo malignas. Isso se altera na sequência, mas prevalece o dualismo.

Na Pérsia e na Mesopotâmia surgiram, por exemplo, o zoroastrismo (1000 a.C.) e o maniqueísmo (200 d.C.) além de outras concepções religiosas dualistas. Uma das hipóteses dos historiadores é que dali se expandiram para todas as direções. Outros historiadores entendem que nas sociedades agrárias ou pastoris existe uma maior dependência dos elementos da natureza. Assim podem tender ao animismo e ao politeísmo. Em certas condições, algumas inclinam-se a uma aguda dependência de elementos naturais e elaboram concepções dualistas. Isso não seria uma regra válida para todos os casos. No que tange a origem há duas hipóteses: surgimento local ou expansão do dualismo. No primeiro caso, a elaboração de concepções dualistas teria ocorrido de maneira espontânea no Ocidente, sem contato ou com pouca influência do Oriente. Na segunda hipótese, considera-se que a difusão do dualismo ocorreu de leste para oeste, o que fez com que chegasse à Europa ocidental. Nesse caso poderia ter sua origem na Pérsia.

Na nossa compreensão, a segunda hipótese tem maior sustentação: surgiram movimentos dualistas de leste a oeste e em tempos subsequentes. Ou seja, há uma cadeia de religiões dualistas surgindo e se expandindo a partir do gnosticismo (séculos II e III d.C.) e do maniqueísmo (século III d.C.). Mani viveu e pregou na Pérsia (216-277 d.C.). Pregou o mito cosmológico dos princípios eternos e não engendrados dotados de um poder semelhante: luz x trevas; bem x mal; deus x matéria. Após sua morte a doutrina maniqueia se expandiu para todas as direções. Santo Agostinho no século IV e início do século V conviveu com o maniqueísmo: foi maniqueu na sua juventude e posteriormente combateu sua doutrina, na região do norte da África. O maniqueísmo chegara à região em pouco mais de um século após a morte de Mani ocorrida em 277. Isso no período baixo-imperial. Há um claro movimento leste-oeste nesse e noutros casos.

O maniqueísmo medieval: as primeiras expressões

Também no medievo ocorreu um fenômeno semelhante que ilustra nossa hipótese. Aparecem movimentos dualistas de leste a oeste numa sucessão de tempo. Os paulicianos surgem na Armênia, e temos evidências deles pelo menos a partir do século VIII. Sobrevivem apesar da pressão do Império Bizantino. Eles são vencidos um século depois, pelo imperador oriental Basílio I (872) e alguns de seus seguidores são deportados da Armênia à península balcânica. Na região da atual Bulgária se encontram com uma religião cristã dissidente denominada bogomilos. Há possibilidade de terem influenciado os criadores dela. O dualismo é comum aos dois grupos.

Os bogomilos surgiram entre os búlgaros que invadiram os Bálcãs e hostilizaram o Império Bizantino. Foram reprimidos pelos bizantinos no século VIII. Mesclam-se com os eslavos da região, e em diferentes segmentos sociais desenvolve-se uma oposição aos modelos bizantinos de governo e religião. Isso criou um terreno fértil às ideias maniqueístas provenientes da Armênia. Os czares búlgaros hesitam em reprimir o movimento. Negar o cristianismo oficial relacionado com os bizantinos era uma maneira de negar a opressão e os modelos bizantinos. Entre os camponeses, a heresia se expande com maior intensidade do que entre os nobres. A seita bogomila surge como uma expressão religiosa regional, em meados do século X.

Sua cosmologia concebia a criação, tal como descrita nos capítulos iniciais do Gênesis, como obra do princípio do mal. Negavam os sacramentos, em especial o batismo e a eucaristia; opunham-se ao culto das imagens (iconolatria) e das relíquias, da concepção e do culto mariano. Detestavam o símbolo e a imagem da cruz: para eles era um objeto material e a recordação do assassinato de Jesus. Baseavam suas concepções num livro apócrifo denominado Evangelho de São João, negando a validade da maioria dos livros canonizados pela Igreja, tanto do Antigo quanto do Novo Testamento. Eram severamente críticos da Igreja. Da liturgia só mantinham o Padre-Nosso, que repetiam quatro vezes de dia e quatro de noite. Não bebiam vinho e não comiam carne. Não aceitavam o matrimônio. Negavam a hierarquia social e propugnavam a resistência passiva: não obedecer aos ricos e ao governo do imperador. A maioria dos conceitos assemelha-se àqueles dos albigenses.

O dualismo bogomilo teve três tendências no que tange à sua continuidade e expansão: a) se expandiu para Constantinopla, onde uma comunidade bogomila existia nos séculos X e XII; b) manteve fortes raízes nos Bálcãs, a ponto de alguns autores o definirem, de maneira anacrônica, como um elemento de identidade nacional búlgara, num evidente exagero; devido a seu forte arraigamento entre o campesinado, autores de concepção marxista viam-no como expressão religiosa de um conflito social; c) e como uma terceira tendência, os bogomilos levaram suas ideias para o Ocidente através do comércio, das cruzadas e outras formas de contato.

Os albigenses: as denominações e a questão de tempo e espaço

O termo "albigense" se refere a uma cidade denominada Albi, localizada no sul da França, ao nordeste de Toulouse, no centro de uma região denominada Languedoc. Esse termo é o mais usado na França medieval, e o cronista clerical Pierre de Vaux-de-Cernay, na introdução de sua obra que descreve a cruzada contra os albigenses, diz que o usa por ser a maneira pela qual se conhecia a "heresia" que grassava na região do Meio-Dia francês (sul da França). O termo foi criado no contexto da expansão e da repressão da seita.

Outro termo utilizado seria "cátaros" ou "catarismo". Este se refere a uma palavra de origem grega que significa "puro". Relaciona-se com a crença dos albigenses de que seus líderes espirituais, os perfeitos, eram puros de alma e não contaminados pela matéria maligna. Além disso, são denominados "búlgaros" ou "bougres" numa alusão a suas relações com os bogomilos; também são chamados de "publicanos" numa possível relação com os paulicianos; e há quem acredite que catarismo derive de patarismo, um movimento de origem bogomila que surgiu e se manteve na Bósnia por toda a Idade Média. Há uma diversidade de nomes e de tentativas de explicação, que complicam a descrição do movimento.

Para efeitos de melhor entendimento, o foco deste capítulo está nos albigenses do sul da França. O movimento e suas concepções religiosas tiveram seguidores na Lombardia (norte da Itália), em Aragão (atual leste da Espanha), nos Países Baixos e na Alemanha. Ainda assim, o sul da França foi a região de maior propagação e aceitação e onde foi reprimido com maior violência. O apoio aos albigenses no sul da França foi amplo e a adesão às suas concepções ocorreu em todos os agrupamentos sociais. A crítica à riqueza e à ostentação do clero, além do abandono da continência, do ascetismo e da pureza original por muitos elementos da Igreja, geraram essa reação à Igreja.

O período da aparição do dualismo albigense é impreciso, mas é certo que foi depois do ano mil. Há duas ondas religiosas consideradas heréticas pela Igreja, na região do sul da França. Em ambas houve tendências dualistas. A primeira foi no início do século XI e pode ser considerada uma manifestação inicial de maniqueísmo medieval. A segunda foi no início do século XII e se expandiu de maneira crescente por todo o século. A Igreja se apercebeu e na segunda metade desse mesmo século iniciou uma campanha para erradicar a presença dessa manifestação religiosa. Nesse período, podemos falar, sem dúvida, do movimento albigense.

A criação e a escatologia

O movimento albigense assemelha-se ao maniqueísmo, à religião bogomila e a outras denominações dualistas. Há variações em relação a estas e há variações no seio do próprio dualismo albigense visto não terem constituído uma centralização e uma hierarquia rígida, senão num breve período e de maneira parcial. Definiremos os conceitos e concepções religiosas dos albigenses através de uma generalização das tendências mais aceitas.

As duas concepções mais difundidas são a estritamente dualista ou maniqueia e a monarquiana, sendo esta seguidora da concepção que o deus mal é um anjo caído. A escatologia difere em cada uma delas. Na dualista, o mal seguiria persistindo através da eternidade; já na monarquiana seria destruído com o mundo material. No que tange à queda de Lúcifer, os monarquianos hesitavam na resposta, tal como a Igreja primitiva. Alguns afirmavam ser por soberba, outros por concupiscência, já outros por inveja. As duas linhas concordavam que a criação do mundo terrestre seria um gesto de inveja do Diabo, diante do predomínio de Deus sobre o mundo celeste.

Os mitos da criação ou cosmogonia geraram divisões no seio do catarismo albigense. Alguns acreditavam que o mundo material teria sido obra do Diabo, já outros achavam que o Diabo fez uso de elementos materiais pré-existentes à Criação. Alguns dos monarquianos admitiam que o Diabo tivesse recebido permissão divina para executar sua obra material. E há diversas versões para explicar a maneira pela qual o Diabo conseguiu capturar almas e "inseri-las" em corpos, ou seja, em matéria impura e maligna. E não podemos deixar de citar que a grande maioria dos albigenses, seguindo uma tradição maniqueia, denominavam o Criador do mundo material como Demiurgo e o associavam à Jeová do Antigo Testamento, Criador da terra e da matéria. Ou seja, o Deus do Antigo Testamento seria nada mais, nada menos que o Diabo que aprisionou as almas à matéria. O ser humano assim preso à carne poderia se libertar com a ajuda do arcanjo Miguel e, na sequência, por Jesus Cristo. A aparição deste no mundo material teria a função de manifestar ao homem o caminho para se libertar da prisão corporal e poder retornar ao mundo espiritual e ao Deus do bem.

As concepções religiosas dos albigenses: o espírito x a matéria

O catarismo albigense negava a ressurreição da carne e a existência do inferno, acreditando que a passagem do ser humano pela Terra era uma dura prova, visto ser essa dimensão material uma espécie de Terra-inferno, onde prevalece a carnalidade e o materialismo e onde se nega e desvaloriza o mundo sensível. Passar pela Terra seria uma espécie de purgatório, se a alma conseguisse se distanciar da matéria e se libertasse da prisão do corpo. Depois dessa etapa, poder-se-ia ascender ao céu e espiritualizar-se novamente. Essa vitória das almas contra a matéria tenderia a ser a derrota do Satã, que de maneira geral, apesar de certas divergências, era o sentido do fim dos tempos.

A doutrina do catarismo albigense sobre Jesus e o Espírito Santo desconcertou os inquisidores, pois alguns negavam a divindade de Cristo, ao passo que outros negavam a Trindade e concebiam Jesus Cristo e o Espírito Santo como emanações do Deus único. Ambos seriam éons, espécie de seres espirituais que tinham chispas da centelha divina. Algumas dessas fagulhas, de pequenas proporções, seriam as almas. Jesus, o Filho, seria o chefe desses éons e como tal foi enviado com aparência mortal à Terra para combater o Diabo e iniciar o resgate das chispas cativas. A encarnação seria uma ilusão, pois Cristo não poderia adquirir forma humana; sendo a matéria absolutamente má, um ser divino e puro não poderia encarnar nela.

A Virgem Maria perdia muito de seu valor e reduzia-se sua importância a uma mera intermediária da passagem de Jesus pelo mundo terreno. Alguns diziam que também era um éon através do qual Jesus passou da esfera espiritual ao mundo material. Outros afirmavam que ela era uma simples mulher que serviu de veículo da transição de Jesus. Para nenhum dos grupos ela seria a mãe do Deus-Filho.

Em relação às Escrituras, também não havia consenso, mas geralmente negavam quase todos os livros do Antigo Testamento e só aproveitavam alguns do Novo. Muitos dos heróis vetero-testamentários, tais como Abraão e Moisés, seriam inspirados pelo Diabo. Eram intolerantes em relação a todos os credos que não aceitassem a malignidade da matéria, acreditando que seus seguidores seriam adeptos do Satã e irremediavelmente condenados. A sua visão negativa da vida e do corpo tornava a morte um desejo e o suicídio um gesto bem aceito. Libertar a alma da prisão do corpo era um gesto benigno. Já a reprodução era vista com crítica, visto perpetuar as almas encarnadas na matéria.

Os inquisidores perceberam que enquanto os católicos se abstinham de comer carne nas sextas-feiras, os perfeitos albigenses se abstinham de comê-la sempre, em virtude de sua doutrina da metempsicose. Os perfeitos e alguns dos fiéis albigenses acreditavam que a carne poderia conter algum fragmento de alma ligado à matéria carnal, que, por sua vez, ficaria ligada também à terra pelo metabolismo. Assim, a alma não se libertaria da prisão da matéria.

Os rituais e as práticas religiosas do catarismo albigense

A negação da Igreja, de sua hierarquia e de seus dogmas permeia toda a visão de mundo albigense. Seja ao negar e contrapor uma visão radicalmente oposta, seja resgatando posturas e elementos do cristianismo primitivo, a Igreja era o marco de referência do catarismo.

O catarismo se organizou de duas formas hierárquicas, uma de caráter social-religioso e outra de caráter eclesiástico. Havia dois grupos sociorreligiosos: os perfeitos ou "*boni homines*" (homens bons) e a massa de fiéis ou crentes. Os perfeitos eram um grupo de elite espiritual. Para se tornar um perfeito dever-se-ia adotar uma vida extremamente regrada e ascética. Abster-se de riquezas, ser casto e viver dentro de rígidas regras de distanciamento da materialidade. O rito de ingresso no grupo dos perfeitos era o *consolamentum*. Tratava-se de uma cerimônia que intercalava uma imposição de mãos e o toque no texto dos Evangelhos aceitos. Não se encontrou equivalência com um dos sacramentos da Igreja, pois tinha um pouco de alguns dos sacramentos: resquícios do batismo, da penitência e da comunhão, sem ser nenhum deles. O novo perfeito deveria assumir compromissos de uma vida ascética: castidade, ascese, jejuns prolongados, tornar-se vegetariano e viver na mais absoluta simplicidade de hábitos. Recitavam o Padre-Nosso, a única das orações admitidas pela comunidade.

Já os fiéis podiam viver dentro de relativa normalidade, casando-se e adquirindo bens. Para salvá-los se criou uma espécie de penitência denominada *aparellamentum*, e se acertava em vida que se estivessem diante da morte poder-se-ia realizar antes o *consolamentum* para purificá-los, salvar sua alma e libertá-la do mundo material. Há notícia de que num período tardio se criou um ritual de passagem para novos fiéis, denominado *convenenza* ou *convenientia*, mas grande parte dos fiéis não passou por esse ritual antes de 1244, quando ocorreu o cerco de Mont Ségur. Somente aos que o faziam a partir dessa data se garantia o *consolamentum* nos seus últimos momentos de vida.

A visão negativa da vida e do corpo dá fundamento a acreditarmos que havia realmente a prática da *endura* ou jejum prolongado que leva à morte. Os críticos católicos descrevem com visível reprovação e desdém esse suicídio. Na ótica albigense, pode-se entender como sendo uma espécie de martírio.

Os perfeitos faziam três grandes jejuns anuais: um antes da Páscoa, outro a partir do domingo de Pentecostes, outro no mês anterior ao Natal. Durante a primeira e a última semana desse período, o perfeito só se alimentava de pão e água. Em outros jejuns e nos dias comuns seguiam essa dieta por três dias a cada semana. Os fiéis comuns deviam ter jejuns mais moderados, mas não há registros desse costume.

À esquerda, um anjo tranca as almas condenadas na boca do inferno, em obra de Henry de Blois.

A Igreja Cátara ou Albigense

Não se conhece com exatidão a organização da Igreja Cátara ou Albigense. Os perfeitos formavam a casta superior, respeitada e venerada. Sabemos que havia bispos e diáconos. É possível que suas funções fossem apenas administrativas. Cada diocese ou igreja tinha um bispo e cada bispo era assessorado por um "*filius maior*" (filho maior) e um "*filius minor*". Seria uma espécie de hierarquia, pois ambos os *filius* eram também denominados bispos e o *filius maior* substituía o bispo em caso de morte. O bispo era auxiliado pelos diáconos. Estes eram os agentes locais da administração e cuidavam de sua paróquia, pregando e mantendo a ordem e o bem-estar de seu rebanho. O modelo da Igreja Católica é imitado, mas deve-se frisar que nesse caso é inspirado na Igreja primitiva.

As relações do catarismo albigense com os poderes e os grupos sociais

O catarismo albigense penetrou entre as massas populares seja no campo entre os trabalhadores da terra, seja na cidade entre os artesãos e pequenos comerciantes. A principal razão de seu sucesso e expansão inicial foi a postura da Igreja Católica. A Igreja havia enriquecido e ostentava essa riqueza tanto nos suntuosos edifícios quanto na vida cotidiana de seus representantes. Os clérigos não agiam de maneira exemplar. Não guardavam a castidade nem viviam de maneira simples e regrada. Era comum padres terem barregãs, ou seja, um casamento não permitido ou uma amante, contrariando o celibato obrigatório desde a Reforma Gregoriana (século XI). Os clérigos viviam em luxo e ostentação, ofendendo os fiéis com a soberba. A Igreja em nada se parecia à Igreja idealizada de Cristo e dos apóstolos.

A nobreza da região do Languedoc ficou dividida, mas de uma maneira geral via com simpatia a dissidência religiosa, porque cobiçava as terras da Igreja e não apreciava o seu poder que lhe fazia concorrência. Dessa forma os "hereges" não foram hostilizados de maneira notável pelos poderes locais. O clero local se queixou amargamente e solicitou a intervenção dos bispos locais. Estes tentaram conter a onda dualista através da pregação. Foram enviados pregadores e a regeneração dos "heréticos" foi tentada. Isso ocorreu entre 1165 e 1208, tendo alguns episódios e situações que veremos em seguida.

Em 1167 celebrava-se o concílio cátaro-albigense em São Felix de Caramán. Esteve presente o bispo bogomilo Nicetas. Isso alarmou a Igreja. Em 1178, o papa Alexandre III mandou alguns emissários entre os quais o sucessor de São Bernardo, Henrique de Clairvaux. O diálogo com os nobres da região se revelou pouco profícuo. Os papas não conseguem alterar o panorama e a heresia cresce. Em 1198 ascende ao trono pontifício o papa Inocêncio III. Dotado de forte personalidade e vivendo num período de auge do poder eclesiástico, não mede esforços para conter a heresia. Em 1202, envia seu legado Pedro de Castelnau, que não consegue reverter a propagação da heresia e a resistência do catarismo albigense no Languedoc. Entre os pregadores estavam os hispânicos Diego de Osma e Domingos de Guzmán (futuro São Domingos), que tentaram reverter o processo de crescimento da heresia. Os debates e as polêmicas se sucedem nos anos seguintes, mas a tensão aumenta. A nobreza local não se dispõe a reprimir os "hereges" e adota uma postura tolerante diante da heterodoxia. Um fato ocorre gerando um motivo para a reação radical da Igreja: o legado papal Pedro de Castelnau é assassinado por um cavaleiro quando se preparava para cruzar o rio Ródano. A Igreja acusou de mandante o Conde Raimundo IV de Tolouse, que apoiava os "heréticos" e não admitia reprimi-los. Esse evento foi considerado o estopim da Cruzada albigense.

A Cruzada albigense e a Inquisição medieval

O papa Inocêncio III, que deflagrou em 1202-1204 a Quarta Cruzada, é também o mentor da Cruzada contra os "heréticos" albigenses. O pretexto estava dado: a resistência dos "hereges", a negativa do poder temporal da região do Languedoc em intervir e atuar na repressão e o fato gerador com a morte do legado papal. Inocêncio entabulou conversações com o rei da França, que se omitiu de agir de maneira direta. Um exército heterogêneo foi constituído por nobres do norte da França, aquitanos, borgonheses, flamengos e normandos com a presença de nobres como o duque da Borgonha e os condes de Nevers e de Bar.

A narrativa se encontra em três crônicas. A mais conhecida é a do monge cisterciense Pierre des Vaux-de-Cernay. Há outras duas, uma de autoria de Guilherme de Tudela e outra de Guilherme de Puylaurens. Os detalhes da guerra são diversos e nos omitiremos de descrevê-los. Relataremos apenas um detalhe do primeiro cerco realizado pelos cruzados. Diante da cidade de Beziers, na qual viviam misturados albigenses e católicos, a nobreza questiona o legado papal sobre a postura a ser adotada quando penetrassem na cidade. Como distinguir os "heréticos" dos fiéis? A quem poupar e a quem sacrificar? A resposta é polêmica. Disse o legado: "Matem a todos, que Deus saberá distinguir quem são os seus fiéis." A matança em Beziers não poupou nem mulheres nem crianças. Um massacre que deixou marcas na região. A Cruzada prosseguiu até 1213, mas teve sequências ao longo do século XIII.

A resistência passiva da população acabou sendo o motivador da instalação da Inquisição medieval. A resistência se deu em rincões isolados da região, que era repleta de montanhas e vales isolados. Muitos se esconderam em aldeias dos Pirineus, tal como Montaillou; outros nas escarpas elevadas da fortaleza de Mont Ségur, a qual foi assediada algumas décadas mais tarde e teve sua população chacinada.

Esse processo se deu após a morte de Inocêncio. Seus sucessores, Honório III e Gregório IX, quiseram impedir que os poderes civis se inserissem na repressão da "heresia". Isso porque a nobreza local, mesmo sendo católica, era refratária à repressão dos "hereges", sendo que os tolerava e por vezes protegia. Assim, uma ordem de monges mendicantes, os dominicanos, foi escolhida para servir de "tropa de choque" do papado na repressão aos "hereges", tornado-se a articuladora e executora da Inquisição.

O catarismo albigense manteve-se por mais um século na região do sul da França, mas foi suprimido pela Inquisição e pelos poderes seculares. Um núcleo sobreviveu na Itália, mas não há informações sobre sua continuidade.

Bibliografia

FALBEL, Nachman. *Heresias medievais*. São Paulo: Perspectiva, 1976 (1999).

GINZBURG, Carlo. *O queijo e os vermes*: o cotidiano e as ideias de um moleiro perseguido pela Inquisição. São Paulo: Cia das Letras, 1987.

MITRE, E.; GRANDA, C. *Las grandes herejías de la Europa cristiana*. Madrid: Istmo, 1983.

RICHARDS, Jeffrey. *Sexo, desvio e danação*: as minorias na Idade Média. Rio de Janeiro: Jorge Zahar, 1993.

RUNCIMAN, Steven. *Los maniqueos de la edad media*: un estudio de los herejes dualistas cristianos. México: Fondo de Cultura Economica, 1989.

Maias

Alexandre Navarro

Quando os espanhóis chegaram à América, encontraram uma religião que sobrevivia há 3500 anos. A religião maia é dividida em três grandes períodos, cada um deles com suas peculiaridades. A era Clássica, por exemplo, foi marcada pela escrita e por suas grandes pirâmides. Há elementos comuns a todas elas, como o culto à serpente, princípio de unidade do cosmos maia. Ela representa o céu, a terra, a fertilidade e encarna o princípio de unidade do mundo. Aparece como uma corda ou laço que simboliza a união entre o homem e a natureza.

A região em que se desenvolveu a civilização maia corresponde ao que é hoje a península do Iucatã, no México, englobando os atuais estados de Campeche, Tabasco, Chiapas, Iucatã e Quintana Roo; as terras baixas e altas da Guatemala; Belize; e a porção ocidental de Honduras e El Salvador, reunindo territórios que pertencem à área denominada Mesoamérica. A história dessa civilização pode ser dividida em três períodos principais: Pré-Clássico (800 a.C.-300 d.C.), Clássico (300-900 d.C.), Pós-Clássico (900-1520 d.C.). Cada período possui um contexto cultural próprio, ainda que alguns conceitos de cosmovisão e o modo de construir as cidades continuem respeitando os traços gerais dessa civilização. Para facilitar a maneira de apresentar a informação deste capítulo, a religião maia será discutida de acordo com esses três períodos culturais principais. E como seria impossível falar de todos os aspectos da religião maia, destaco os principais conceitos conhecidos e trabalhados na literatura especializada.

Religião: o que entendemos

Como mencionado na introdução desta obra, falar de religião é um assunto bastante complexo em qualquer sociedade, já que corresponde a um conjunto de práticas sociais específicas e arraigadas à cultura de um determinado grupo humano ao longo de sua existência. Assim, a religião pode ser definida como um conjunto específico de crenças em um ou mais poderes divinos ou sobre-humanos com o objetivo de render culto ao Criador ou ao regente do universo.

Para entendermos a religião maia, concebemos a religião como:

- Uma função da cultura que está conectada e integrada com as demais funções da mesma cultura;
- Um complexo de noções sociais com regras conectadas a um sistema cultural ao qual pertence o homem e o mundo em que vive. Demanda a crença em um ou mais seres superiores, e a presença de seus poderes influencia aqueles que creem em sua existência;

- Um conjunto de crenças em que a influência religiosa é expressa em noções, sentimentos, disposições e comportamentos dos crentes. Nesse sentido, os rituais e os cultos são ações coletivas ou individuais que se referem aos seres divinos e legitimam a religião;
- Uma ação social em que o comportamento religioso é a manifestação dos propósitos culturais resgatados como significado e ajustados à estrutura religiosa por um grupo de pessoas que creem na propagação da crença e em seus fundamentos. Logo, a ação religiosa é uma ação simbólica.

A perspectiva adotada aqui é antropológica e visa a entender os quatro aspectos mencionados.

O Pré-Clássico

Esse é o período de formação da civilização maia. Durante essa época, há indícios de herança de conceitos religiosos daquela que é considerada a primeira civilização da Mesoamérica: a olmeca. Traços da iconografia olmeca são encontrados em sítios arqueológicos do litoral do Pacífico e das Terras Altas maias, como Abaj Takalik, Kaminlajuyú e Izapa.

Pela sua extensão, organização espacial e iconografia, o centro de Izapa é o principal sítio do Pré-Clássico para o entendimento da religião maia durante esse período. A iconografia de Izapa é uma complexa união entre as formas naturais e as simbólicas que expressam uma estruturada concepção religiosa de mundo, que gira em torno de certos conceitos relacionados com as formas realistas de alguns animais, como o jaguar, o crocodilo, as aves, o peixe e a serpente. Os maias encontraram nas qualidades naturais e sobrenaturais desses animais uma explicação de mundo em que a relação entre o homem e a natureza foi essencial para a existência da vida.

Assim, a principal forma animal aparece de maneira fantástica. Trata-se da combinação de vários desses animais, ao que se tem designado o nome de dragão. A ideia central da concepção religiosa dos maias desse período foi expressa como a regeneração da natureza, que figura como a essência que fundamenta o dinamismo do mundo e fornece a vida ao homem, na expressão de um ser *dragoniano* (em forma de dragão).

As estelas são monumentos verticais de pedra onde eram registradas as inscrições maias ou simplesmente a figura do rei. Outras culturas do mundo antigo também possuíram estelas, e são monumentos comemorativos associados a algum tipo de escrita. Nas estelas de Izapa encontram-se desenhos lineares superiores e inferiores que provavelmente representam as bocas de um ou mais seres felino-serpentinos, em cenas associadas a seres humanos em episódios míticos, sobretudo sobre a criação do mundo. Essas cenas simbolizam o céu e a terra, dois lugares importantes na religião maia, na qual deuses e homens aparecem agindo nesses dois espaços.

A serpente ocupa um lugar preponderante na concepção religiosa de Izapa, e é o principal componente da esfera dragoniana. O mais frequente é que se represente somente a cabeça do animal. Às vezes, as serpentes aparecem voando ou com plumas. A serpente emplumada, um importante elemento da religião maia, aparece já no Pré-Clássico. Por exemplo, na estela 10 de Kaminaljuyú e na estela 1 de Chocola, as serpentes aparecem com cabeças de aves e plumas nos corpos.

Desse modo, considera-se que a serpente é o princípio de unidade do cosmos maia e que mantém esse *status* até o período de contato com os espanhóis. A serpente representa o céu, a terra, a fertilidade e encarna o princípio de unidade de mundo. Geralmente aparece como uma corda ou laço que simboliza a união entre o homem e a natureza. Por exemplo, nas estelas 22 e 67 de Izapa esculpiu-se uma figura humana sentada em uma canoa que está sobre a água que se une ao céu por meio de serpentes com formas de corda.

A forma mais complexa da religião maia durante o Pré-Clássico aparece na estela 25 de Izapa, onde se nota na parte inferior da escultura um crocodilo com uma concha ao redor de seu nariz. A parte posterior de seu corpo levanta-se para se converter em uma árvore (princípio da vida), sobre a qual pousa uma ave. Na parte superior da estela existe a imagem de um homem de pé olhando para cima e sustentando uma haste sobre a qual pousa um pássaro mascarado. Rodeando o corpo do crocodilo existe uma serpente realista, cujo corpo também enlaça a haste, passando pela mão da figura humana e levantando-se em direção ao pássaro com máscara.

Detalhe a partir da estela 25 (tipo de monumento), representa um dos gêmeos heróis que atiram em um deus pássaro com uma zarabatana.

A serpente, desse modo, aparece como a união da água terrestre (crocodilo-concha), da vegetação (crocodilo-árvore) e do céu (ave mascarada) com o homem, que estabelece a unidade que dá essência ao funcionamento da vida e da natureza a que pertence e em cujo centro se localiza ao agarrar o corpo da serpente e a haste.

A época Clássica

O Clássico é o período de esplendor da civilização maia. É a época em que os centros alcançam seu apogeu quanto ao urbanismo e à organização espacial, destacando-se as construções monumentais, formadas principalmente pelas pirâmides, que chegaram a medir mais de 60 metros de altura. Além disso, o crescimento populacional caracteriza essa época, em que cidades como Tikal, na atual Guatemala, e Calakmul, no México, chegaram a ter mais de 60 mil habitantes. Durante o Clássico também surge o sistema de escrita, o aperfeiçoamento do calendário e a Contagem de Tempo Longo, e incrementam-se o comércio de longa distância e as guerras.

A religião maia do Clássico continua a desenvolver os elementos religiosos do Pré-Clássico, como o motivo serpentino e *dragoniano*. No entanto, novos princípios religiosos ganham maior destaque. Sabe-se que a religião maia está associada com a concepção de tempo cíclico, que possivelmente originou-se durante o Pré-Clássico. Os maias outorgaram uma grande importância aos augúrios e às profecias, já que acreditavam que certos períodos do seu calendário tinham um caráter fasto ou nefasto. Assim, o universo era representado verticalmente e dividido em três níveis e horizontalmente repartido em quatro direções cardeais, a que se deveria agregar uma quinta direção, o centro. Cada uma dessas direções estava associada com uma cor, uma árvore e uma ave e certos seres sobrenaturais, que podiam ser espíritos, heróis míticos ou deuses, que geralmente assumiam quatro aspectos, um por cada direção cardeal, e eram representados como seres híbridos com atributos de diversos animais.

Os edifícios *teratomorfos* (em forma de monstro) foram muito utilizados nessa época. Esses templos, que também podem ser interpretados como covas artificiais, têm a entrada em forma de boca aberta de algum réptil, geralmente serpente, que, como se disse antes, é um animal associado à terra e à fertilidade. Esse tipo de templo aparece de maneira mais recorrente no Iucatã, em sítios como Xpuhil e Becán, em uma área geográfica conhecida como rio Bec. Esses edifícios também possuem a fachada totalmente decorada com motivos serpentinos e geralmente descansam sobre uma plataforma, que pode ser ou não elevada. Esses monstros estão associados ao culto dos antepassados e ao princípio de criação do universo.

Talvez a principal manifestação religiosa durante o Clássico se dê na forma de uma pirâmide. Geralmente a pirâmide é escalonada e possui uma estrutura na parte superior a qual se chega por uma escadaria. Essa estrutura tem uma entrada principal e uma fachada decorada que versam sobre diversos temas relacionando o governante que a construiu com sucessos míticos, como a criação do universo e dos homens. Em sua parte superior existe uma decoração em pedra, o que se conhece como *cresteria* (qualquer tipo de ornamentação construída no topo ou cume dos edifícios), em que geralmente se encontra a representação do governante sentado em um trono. Nessas pirâmides podem existir a escrita e iconografia destacando diversos temas míticos ou reais, como as guerras entre diferentes centros urbanos.

Hoje se sabe que esses edifícios também estão relacionados ao governante e serviram de tumba após a sua morte, sendo por isso considerados templos dinásticos pelos arqueólogos. Sendo assim, esses edifícios são importantes fontes de estudo para compreender as concepções religiosas que envolviam a elite maia. Por exemplo, em Palenque, a tumba do rei Pacal encontra-se dentro da Pirâmide das Inscrições e uma escadaria interior conduz à cripta do templo. O templo possui cinco entradas, e em uma delas aparece modelada em estuque a imagem de um rei de pé com uma criança nos braços, em que uma das pernas da criança é em realidade uma serpente.

Esse rei é Chan Bahlum, herdeiro direto e sucessor do soberano enterrado na pirâmide. O sarcófago do rei Pacal continha os restos mortais do soberano, além de uma rica coleção de joias de jade, símbolo da vida e renascimento, formada por máscaras, diademas, brincos, colares, peitorais, pulseiras e anéis. A iconografia do sarcófago retrata Pacal e seus ancestrais relacionados com a "árvore cósmica", símbolo da criação do mundo. O programa iconográfico da tumba versa sobre a morte do rei e a promessa de renovação da vida, em que o soberano é a representação das divindades na Terra e do eixo da cadeia dinástica como a metáfora da criação do universo.

A manifestação religiosa maia também pode ser evidenciada pela maneira como o espaço foi organizado dentro dos centros urbanos. Como em toda sociedade que desenvolveu a arquitetura monumental, as construções obedeciam a esquemas cognitivos específicos que respondiam às práticas religiosas. Por exemplo, em Tikal existem conjuntos arquitetônicos em forma de cruz orientados segundo os pontos cardeais que foram construídos para comemorar o fim de um período Katún. Esse período corresponde a vinte anos do calendário cristão e está associado à edificação de novos edifícios como metáfora da renovação da vida e do universo.

Os maias acreditavam que ao se aproximar o fim de um Katún, desgraças naturais e sociais podiam assolar a vida em sociedade. A construção de novos edifícios batizados com seus rituais salvaria as pessoas de catástrofes. Em Tikal, esse grupo de templos é conhecido como Grupos de Pirâmides Gêmeas. Cada conjunto inclui quatro edifícios dispostos em torno de uma praça mais ou menos retangular, com as construçoes orientadas em função dos quatro pontos cardeais. As pirâmides gêmeas, colocadas num eixo este-oeste, são semelhantes em seu plano e dimensões. Ambas são radiais, ou seja, possuem escadarias nos quatro lados. Cada escadaria tem 365 degraus, que correspondem ao número de dias do calendário solar. Ao sul da praça se ergue um edifício retangular e alongado, cujas nove portas dão acesso, nesse caso, a um só recinto. Essas portas simbolizariam os Nove Senhores da Noite, divindades do inframundo maia ou Xibalbá, um lugar onde os deuses foram criados e criaram o mundo. Por fim, no lado norte da praça existe uma pequena estrutura com porta abobadada que contém a estela 22. Essa estela mostra o rei Chitam levando a cabo um dos ritos para celebrar o fim de um Katún. Com a mão direita o rei espalha as gotas de sangue resultantes do autossacrifício de seu pênis. Na outra mão leva um cetro e uma sacola de incenso está pendurada em sua munheca. Em cima de seu toucado, ricamente ornamentado, está um ancestral. Nas costas, o rei leva um cosmograma do universo, prolongado por seu calção.

O jogo de pelota ou de bola (de borracha ou hule, em espanhol) foi uma outra atividade religiosa importante no mundo maia. Hoje em dia discute-se se a quadra de jogo realmente foi utilizada para os jogos, já que suas dimensões em alguns sítios são muito pequenas ou excessivamente grandes para a realização de tal prática. Por exemplo, a maior quadra de jogo de pelota não somente da área maia, mas de toda a Mesoamérica, está em Chichén Itzá. Tem 168 metros de comprimento por 70 de largura. A iconografia do jogo mostra duas equipes que se enfrentam. Os jogadores são representados com uma indumentária elaborada: grandes penachos, roupas de algodão possivelmente para proteger o corpo, cinturão de pedra para o movimento da bola chamado *yugo* e um machado (*hacha*) que parece ter tido função ritual.

A interpretação mais aceita é que as quadras de jogo de bola são a metáfora do processo de criação dos homens e do universo pelos deuses. Em Chichén Itzá, por exemplo, parece que a quadra de jogo de bola serviu para rituais que envolviam a entronização de reis. As pinturas encontradas nas paredes internas de dois edifícios mostram os reis deixando o trono a seus sucessores em rituais que aconteceram na quadra de jogo. Dadas suas associações com renovação e criação, parece plausível que os reis utilizassem esses lugares como lugares de culto.

Assim, um outro aspecto importante da religião maia é sua associação com a transição de poder. Em vários sítios como Yaxchilán, Palenque e Tikal, nota-se que o rei, ao deixar o poder, realiza rituais com o seu sucessor. Esses rituais tinham como objetivo fazer com que o cosmos seguisse regendo a natureza e a vida dos homens no planeta. O novo rei, ao participar desses rituais, garantia de maneira efetiva o funcionamento do universo. O ritual é identificado quando o antigo rei oferece ao seu sucessor um bastão (cetro-maniqui), que é o símbolo máximo de poder na área maia.

Um dos principais elementos da religião maia antiga era o sacrifício, realizado com animais e seres humanos. O primeiro tipo não era muito comum, mas animais com certas partes incompletas do corpo foram encontrados em algumas sepulturas maias. A principal maneira de sacrificar o animal era através da decapitação. Por exemplo, em uma tumba de Toniná, sul do México, foram encontrados restos de três crianças do sexo masculino, os esqueletos de um jaguar e de um falcão, e dois crânios de codornas.

Já o sacrifício humano era mais recorrente. No entanto, existe a discussão para saber exatamente em quais ocasiões era realizado, com que frequência e em que quantidade. A iconografia dos sítios mostra que muitos dos sacrificados eram cativos de guerra. A ideia do sacrifício provém, basicamente, da crença de que o sangue era primordial para o funcionamento do universo, já que um dos elementos para a criação do universo é justamente esse líquido vital. Era dever do homem, por conseguinte, manter essa ordem cósmica. Homens e meninos eram sacrificados, mas não se encontrou ainda evidência de que as mulheres também fossem. Essas crianças podiam ser mortas por decapitação ou pela extração do coração. Muitas escavações evidenciaram os esqueletos decapitados e seus respectivos crânios. Por exemplo, na pintura mural de Chichén Itzá encontra-se a representação de um sacrificador que submete a sua vítima agarrando-a pelos cabelos e a degola com um machado de obsidiana.

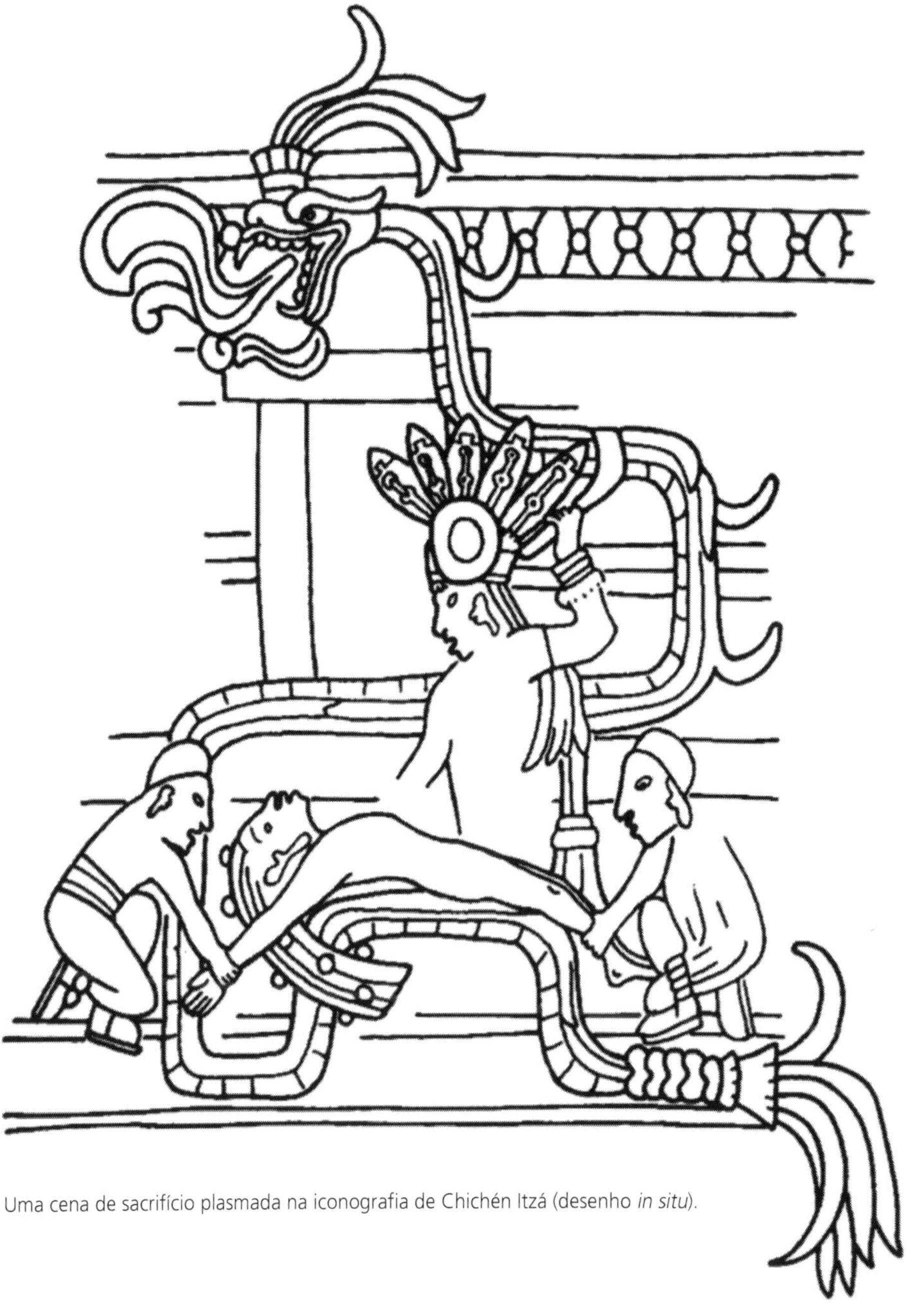

Uma cena de sacrifício plasmada na iconografia de Chichén Itzá (desenho *in situ*).

Da mesma maneira, o autossacrifício também foi uma prática religiosa muito importante entre os maias. Há evidências de que essa prática ritual tinha os mesmos fundamentos do sacrifício humano, mas a diferença está em que somente era realizada pelos reis em rituais muito mais específicos. O sangue, valioso líquido, podia ser obtido de várias partes do corpo e gerava graus variáveis de dor. Talvez a cena mais notável desse ritual provenha do *dintel* 24 (verga superior da porta ou da janela, que assenta sobre as ombreiras) do edifício 23 do sítio de Yaxchilán, em que uma soberana ajoelhada diante do rei passa por sua língua uma corda eriçada de espinhos. Uma das extremidades da corda descansa em uma cesta que contém tiras de papel manchadas de sangue. As inscrições do monumento corroboram a cena: narra-se um ritual de autossacrifício envolvendo um rei e sua esposa.

As sepulturas também são importantes fontes de estudo para se conhecer na religião maia o tema da morte. As diversas maneiras de sepultar, que vão desde a inumação direta na terra até a tumba abobadada, correspondem a diversos níveis sociais. Por exemplo, vejamos como estava organizada a sepultura 10 de Tikal, dedicada a um rei que governou o centro urbano. A tumba data do Clássico inicial, segundo indica a idade da cerâmica. Está ocupada pelo esqueleto – coberto de hematitas – de um homem de idade avançada, deitado de costas e com a cabeça orientada para o norte (esse ponto cardinal está associado ao poder real na área maia). Ao seu redor, e também debaixo dele, foram colocados os restos de oito meninos entre 8 e 14 anos, sacrificados para a ocasião. Sobre o corpo do ancião foram postas várias conchas de espôndilo, além de contas e *orejeras* de jade (adornos de orelha que cobrem todo o lóbulo inferior). Seu penacho constava de conchas e portava uma máscara composta de um mosaico de diversos materiais. Sobre sua perna direita foi depositado um espelho de pirita em cima de um disco de arenito. Debaixo de sua mão direita havia uma cauda de arraia e uma conta. Na altura da pélvis, encontraram-se mais oito caudas de arraias. Perto de seu esqueleto foram achados ainda cinco tartarugas e um crocodilo, todos decapitados, noventa ossos de aves (principalmente corujas), trinta vasilhas de cerâmica, treze conchas de água doce e objetos de madeira. Ao preencher a fossa, colocou-se uma grande quantidade de sílex (quase 10 mil), distribuída em diferentes níveis. Esse é somente um caso de sepultura de um rei maia; muitas outras, ricamente ornamentadas, também foram encontradas pelos arqueólogos.

Quanto ao sistema religioso em si, não há evidências de uma religião monoteísta na área maia. Os maias cultuavam vários deuses e realizavam diferentes rituais para cada um deles. No entanto, durante o Clássico terminal (cerca de 800 a 1050 d.C.), os maias teriam passado a cultuar algumas divindades de maneira especial. É o caso de Itzamná, Chaac e Kukulcán. Essa última divindade, que aparece representada na iconografia na forma de uma serpente emplumada, adquiriu uma grande importância no sítio arqueológico de Chi. Temos que sublinhar, no entanto, que esse processo é fruto de uma cosmovisão que se construiu ao longo de séculos, e foi uma opção às mudanças sociais por que passam todas as civilizações. Se os maias caminhavam para o monoteísmo também é um assunto discutido na literatura.

Um importante aspecto da religião no norte da península de Iucatã durante o Clássico terminal é a gruta de Balankanché, situada a 20 quilômetros de Chichén Itzá. Trata-se de uma cova de mais de 1.000 metros de longitude onde foram depositadas centenas de incensários com a forma do deus Chaac ou Tláloc, com o objetivo da celebração de cultos destinados a fomentar a chuva, muito escassa nessa região. Esses incensários têm forma cilíndrica e representam a cabeça do dito deus, caracterizado por seus grandes olhos circulares e bigodeira com algumas presas.

O Pós-Clássico

O período Pós-Clássico maia foi considerado, durante muito tempo, uma época de declínio da civilização, já que a escrita e o sistema de contagem de tempo quase não foram registrados, a população decresceu e os centros urbanos já não possuíam a complexa organização espacial de antes. No entanto, hoje os arqueólogos sabem que o Pós-Clássico é resultado de uma série de ações sociais, positivas e negativas, pelas quais passaram os maias, assim como outras civilizações mundialmente conhecidas.

O culto oficial já não se encontrava nas mãos de uma autoridade máxima e soberana como no Clássico, e sim dividido entre as principais linhagens. Cada centro urbano, cada linhagem e cada família tinham uma ou várias divindades tutelares. A descentralização política que caracteriza esse período contribuiu para a proliferação de ídolos e deuses de diferentes origens.

A principal fonte de estudos da religião maia para esse período consiste nos códices, livros dobrados em forma de biombo confeccionados em papel amate da espécie *Fícus* ou então de pele de veado. Sabe-se que os maias escreveram vários deles, mas durante o processo de conquista os espanhóis os queimaram como tática de conversão dos indígenas ao cristianismo. Sobraram somente três deles, que atualmente se encontram nas cidades em que foram achados: Códice de Dresden (Alemanha), Códice de Paris (França) e Códice de Madri (Espanha).

Esses documentos eram almanaques adivinhatórios. Foram escritos pelos sacerdotes e versavam sobre vários eventos astronômicos, como as revoluções sinódicas de Marte e Vênus, associados com a prática de rituais. Esse último planeta foi muito importante na cosmovisão maia, já que estava associado a rituais realizados para a vitória nas guerras. Acredita-se que os maias combatiam em determinados momentos para que Vênus garantisse o sucesso do embate.

Esses almanaques pictográficos contêm pinturas com muitas cores diferentes e representam vários deuses menores cultuados durante o Pós-Clássico. Esses deuses têm o corpo antropomorfo, aparecem de maneira repetida nos códices, têm traços físicos bem definidos e uma indumentária específica. Para muitos estudiosos dos códices, a principal divindade representada é Itzamná, deus da criação, responsável por todas as formas de vida. Essa divindade aparece com vários nomes e formas nos códices: Itzamná Kauil (Colheita Abundante), Itzamná T'ul (Coelho, aspecto maligno do céu que obstaculiza as chuvas), Itzamná K'inich Ahau (Senhor com Rosto de Céu, ou seja, o Sol), Itzamná Kabul (Criador), Itzamná Cab Ain (Terra Crocodilo).

No entanto, a principal fonte de estudo da religião maia no Pós-Clássico são os livros escritos em língua maia com alfabeto espanhol, durante o processo de conquista. Os mais conhecidos deles são os de Chilam Balam e Popol Vuh. O primeiro documento, originário do Iucatã, narra que os maias do Pós-Clássico acreditavam que o seu mundo atual havia sido sucedido por outros, e que cada criação foi precedida por uma destruição. Nesse livro se registra que o Ser Supremo ao criar o mundo colocou quatro seres, chamados bacabes, nas quatro esquinas do mundo, para que sustentassem o céu, evitando, desse modo, que ele caísse. Segundo o livro de Chilam Balam, a era anterior havia sido destruída por um dilúvio. Assim, os bacabes erigiram "Árvores de Abundância" nas quatro esquinas do universo para que absorvesse a água caso o mundo voltasse a ser destruído dessa maneira.

Já o Popol Vuh, proveniente da Guatemala, narra com detalhe a história da formação do universo. No princípio, eram apenas o céu e o mar. Então, os deuses criadores fazem surgir a terra mediante a palavra, e aparecem, desse modo, as montanhas e as planícies. Em seguida, os deuses criaram a vegetação e a fauna. Por último, decidem criar o homem, de terra e barro. Como se pode notar, ainda que esses livros conservem as tradições indígenas, muitos elementos ocidentais podem ser identificados neles, sobretudo no Popol Vuh, que guarda uma grande semelhança com o livro do Gênesis da Bíblia. A religião maia ainda sobrevive em algumas comunidades do México.

Este capítulo teve como preocupação mostrar ao leitor como a religião vai se transformando dentro de uma cultura. Nesse sentido, a religião maia de hoje não é a mesma que a da época Clássica, do mesmo modo que os maias de hoje não são os mesmos de antes do período da conquista. A aculturação desses indígenas por parte dos espanhóis culminou no abandono de suas crenças e na adoção de novas. No entanto, alguns elementos da antiga religião ainda podem ser vistos nas comunidades maias contemporâneas como um culto paralelo ao oficial, que não chega a suplantá-lo.

O sincretismo entre o catolicismo e as crenças pré-hispânicas ainda é praticado pelos atuais maias. Por exemplo, em meus trabalhos de campo no sítio arqueológico de Chichén Itzá, ouvi, em diversas ocasiões, os anciãos dizerem que os homens foram criados pelo Deus Supremo, dentro de um contexto cristão, com osso moído e sangue, elementos da religião maia anterior à chegada dos espanhóis no México.

Desse modo, a religião maia não deve ser vista como um bloco monolítico, pois possui uma história e ações sociais próprias, com suas correspondentes transformações e continuidades, que incumbe ao historiador das religiões ou ao arqueólogo considerar e explicar.

As fontes

Assim como a religião pode ser conceituada de várias maneiras, o fenômeno religioso também pode ser observado de vários modos. Neste capítulo, utilizamos Arqueologia, inscrições, imagens e relatos etnográficos como fontes.

A Arqueologia fornece elementos, a começar pela arquitetura maia. A religião está formalizada, ou seja, necessita de um espaço para manifestar-se. Assim, o tipo de culto definirá o tipo de espaço e a arquitetura a ser elaborados. A arquitetura pode expressar conceitos religiosos ou cosmológicos. No aspecto maia, essa vertente de estudo é bastante frutífera já que essa civilização se caracterizou pela construção de lugares destinados aos diferentes cultos realizados para os distintos deuses de seu panteão.

As oferendas mortuárias encontradas nos enterramentos humanos contribuem para o entendimento da religião das sociedades que utilizaram como prática ritual a colocação de artefatos nas tumbas de seus mortos. No caso maia o melhor exemplo são as estelas, monumentos verticais comemorativos que alcançam até os dez metros de altura e que geralmente representam os governantes divinizados com insígnias de poder religioso.

A escrita é uma importante fonte para entender a religião, já que as diferentes culturas costumaram registrá-la geralmente sobre a superfície de pedras ou em livros de papel ou pele de animal. A civilização maia foi a única do continente americano que desenvolveu um sistema de escrita completo, chegando ao grau de fonetismo absoluto em que as palavras escritas representam os diferentes sons que compreendiam seu registro escrito. As pinturas retratando personagens, animais, plantas e seres sobrenaturais são importantes fontes para a expressão religiosa em diferentes culturas no mundo, pois revelam seus princípios de cosmovisão e tipos de rituais realizados.

Por fim, há que mencionar os relatos etno-históricos. Os espanhóis tiveram o primeiro contato com os maias no começo do século XVI, durante o processo de colonização espanhola no México. Um dos aspectos mais severos dessa colonização foi a conversão dos indígenas ao catolicismo. Responsáveis pela aculturação indígena, os bispos espanhóis registraram os diferentes costumes dos maias em obras de grande importância para o entendimento da religião e sociedade maias durante o século XVI.

Bibliografia

BAUDEZ, Claude-François. *Una historia de la religión de los antiguos mayas*. México: Unam, 2004.

DE LA GARZA, Mercedes. *El universo de la serpiente entre los mayas*. México: Fondo de Cultura Económica, 1984.

NAVARRO, Alexandre Guida. *Las serpientes emplumadas de Chichén Itzá:* distribución en los espacios arquitectónicos e imaginería. México, 2007. Tese (Doutorado) – Instituto de Investigaciones Antropológicas, Unam.

RENFREW, Colin. *The Archaeology of Cult*. London: Thames and Hudson, 1985.

SCHELE, Linda; FREIDEL, David. *Una selva de reyes*: la asombrosa historia de los antiguos mayas. México: Fondo de Cultura Económica, 2000.

TAUBE, Karl. *The Major Gods of Ancient Yucatan*. Washington: Dumbarton Oaks Research Library and Collection, 1992.

Astecas

Leandro Karnal

Os astecas foram guiados pelo deus Huitzilopochtli até o vale de onde conquistariam grande parte da Mesoamérica. Eles se tornaram o povo do quinto sol e conscientes de que outras eras e outras humanidades já tinham habitado este mundo instável e mantido a custo de sacrifícios de sangue.
Os temidos guerreiros de Huitzilopochtli foram derrotados pelos espanhóis (com a ajuda de indígenas inimigos).
O culto aos deuses acabou e o que era religião virou mitologia.
O catolicismo estendeu seu manto sobre o México, mas nas dobras deste manto dialogam ainda ecos dos deuses vencidos.

Crônica de uma morte anunciada

Seu nome pairava soberano sobre milhões no México antigo. Seus devotos eram guerreiros da grande cidade de Tenochtitlán. Ele próprio tinha conduzido seus filhos da mítica Aztlán para o centro do vale do México. Foi uma longa caminhada. Seu templo, no centro da poderosa capital, era palco de milhares de sacrifícios humanos. Ele era Huitzilopochtli, o deus guerreiro dos astecas.

Huitzilopochtli, o poderoso, acabou esquecido. O deus foi assassinado. Para cada deus em ascensão existe uma crença em declínio. O balbuciar de uma prece implica o silêncio de muitas outras. O deus dos astecas está surdo. Não parece restar nenhum fiel. A pergunta fatal se impõe: quem matou Huitzilopochtli?

O primeiro golpe desse crime foi violento e rápido. Começou com a vitória de Hernán Cortés, em 1521, auxiliado por muitos indígenas inimigos dos astecas. O deus-guerreiro não tinha protegido seu povo dos invasores estrangeiros. O último *tlatoani* (governante) asteca tinha tombado a 13 de agosto daquele ano. As preces cessaram. O primeiro golpe foi de eficácia: Huitzilopochtli não funcionava mais.

O segundo golpe foi simbólico. Sua casa principal, o Templo Maior, no coração da maior cidade da América, foi demolida. Os usurpadores cristãos usaram as pedras da grande pirâmide para erguer a catedral ao lado. O deus perdia até sua moradia. Não havia mais sacrifícios. Ineficiente e sem teto, ele vaga enfermo pelos canais da cidade que fundara.

O último golpe tem uma história longa e é o mais agressivo. A repressão sobre seus filhos destruiu imagens. Quaisquer oferendas eram sacrílegas. Faltava uma pá de cal no túmulo do deus. Quem a forneceu foram os frades cronistas, os religiosos que decidiram registrar a memória da religião dos vencidos. O objetivo dos religiosos era melhorar a eficácia da catequese.

Sahagún, franciscano devoto e dedicado à causa da eliminação da memória dos deuses pagãos, explicou aos seus leitores que o deus dos astecas era como o Hércules da Antiguidade. Pior, era um Hércules-demônio, uma entidade do mal, robusto, mas degenerado. Huitzilopochtli também parecia com o próprio Moisés, pois conduzia o povo para uma terra prometida, porém, tendo como guia a força do mal. Estava terminado o crime. Não bastava o deicídio e o despejo do deus. Era preciso apagar sua memória e borrar sua figura. Huitzilopochtli foi tão enterrado pela memória cristã que até lembrar dele como ele era ficou difícil. Esgarçado em meio a metáforas de Hércules-demônio-Moisés, o deus ficou perdido. Seus devotos tiveram sua fé classificada como idolatria, superstição, bobagens de povos "incultos" e "atrasados". Mataram uma divindade, mas recusaram-lhe uma lápide digna e precisa. Sua memória foi borrada.

Efeito colateral: ao matarem o deus, mataram também o orgulho de seu povo. O genocídio completou o deicídio. A população passou de prováveis 25 milhões para 1 milhão em algumas décadas. No futuro, só historiadores, arqueólogos e antropólogos conheceriam a vida do deus. Mas os especialistas modernos não têm fé. Huitzilopochtli morreu e só ateus conhecem um pouco sobre sua glória. Não há sequer um Nietzsche para anunciar, solene, a morte de um deus. Ele morreu, apenas isso. Ninguém o chora. Mas como se mata um deus? Para entender isso, temos de saber como nasce, cresce e morre uma divindade mesoamericana.

As muitas eras e o preço delas

"Na verdade, ainda estava quieto, na verdade, ainda estava silencioso. Estava quieto. Na verdade estava calmo. Na verdade estava solitário e também estava vazio ainda, o útero do céu." Assim escreveram os maias-quiché no Popol Vuh, o texto que narra a origem de tudo. Tudo era vazio. O "Coração do Céu" une-se à "Serpente Quetzal". Começa o universo. As entidades superiores criam a humanidade, mas os homens originados do barro primordial são um equívoco. A segunda tentativa apela à madeira como matéria-prima. A nova geração é mais seca, porém muito dura. O erro é corrigido: os homens imperfeitos são metamorfoseados em macacos. Os seres humanos não tinham conseguido articular pensamentos e orações em louvor aos deuses da criação.

A criação continua. Surgem em cena os gêmeos Hun Ah Pu (caçador) e X Balam Ke (jaguar veado). Eles travam uma luta mortal com grupos rivais. Após muitas peripécias, finalmente, emerge no mundo a geração dos homens feitos de milho, os mais perfeitos até então. Eram tão similares aos deuses que causavam temores.

A ideia que os maias tinham sintetizado (sucessivas criações e destruições) tornou-se um senso comum na Mesoamérica. Povos posteriores, como os astecas, incorporaram quase todas as concepções da chamada época Clássica (leia o capítulo anterior). O mundo atual havia sido criado na misteriosa e sagrada cidade de Teotihuacan, o grande centro urbano abandonado séculos antes da chegada dos astecas ao vale do México. As pirâmides gigantescas e as ruas desertas da cidade haviam inspirado um temor profundo aos recém-chegados. Lá, com certeza, havia sido iniciada a era atual. Ao redor de uma fogueira, os deuses haviam percebido que apenas sacrifícios faziam o sol se mover. A ordem cósmica é instável, inclusive para os deuses. Tudo que conhecemos pode terminar ou ser transformado a qualquer momento: essa era a chave da compreensão do mundo mexica. Era preciso registrar isso em pedra.

Em 1479, em Roma, o papa Sixto IV ocupava-se com a recente instalação da Inquisição na Espanha e com a instituição da festa da Imaculada Conceição de Maria. Porém, o nome de Sixto seria associado a uma igreja construída no seu papado, a Capela Sistina, imortalizada no século seguinte pelos afrescos do divino Michelangelo. No mesmo ano de 1479, indiferente aos sofrimentos das vítimas da Inquisição ou às belezas futuras da Capela Sistina, os escultores astecas concluem uma escultura de longa fortuna: a Pedra do Sol. Com mais de 24 toneladas, a peça é exibida atualmente no Museu Nacional de Antropologia, na Cidade do México. Numa sala central do museu, ela é o alvo mais importante da curiosidade dos turistas. Funciona como a Mona Lisa no Louvre: será vista sempre, mesmo que a visita dure 15 minutos. É uma pedra instransponível.

Ao centro da Pedra do Sol, por vezes denominada de calendário asteca, a figura de Tonatiuh, o quinto sol, exibe sua imponência. Sua língua é, na verdade, uma faca de sacrifício, pois, como já vimos, o sol demanda sangue. Ao seu lado, duas garras segurando corações com sangue, matéria-prima para a continuidade desta era. Ao redor do disco central, quadrados narram eras anteriores e a fusão de muitos relatos religiosos da Mesoamérica.

Xolotl, irmão gêmeo de Quetzalcoatl, guia as almas durante a viagem ao mundo dos mortos.

No quadrado superior direito, um jaguar representa a era que terminou com feras devorando homens. Os outros quadrados narram sóis anteriores que encerram as desgraças do fogo, da água e dos ventos que destruíram humanidades passadas. Na verdade nenhuma das eras é superada completamente: os homens-macacos continuam existindo no quinto sol, por exemplo. Um pouco de cada tempo permanece no outro: é uma sobreposição complexa.

Os astecas eram o povo do quinto sol. Porém, para criar essa humanidade, os deuses e os homens esforçaram-se muito. Cada nova era continha restos da anterior. Para reconstruir o corpo dos mortais, um deus muito especial, Quetzalcoatl, desceu ao mundo dos mortos (o Mictlan) em busca dos ossos da humanidade pretérita. Lá, o casal Mictlantecuhtli e Mictecacihuatl, senhor e senhora que governavam as sombras, exigiram que o requerente tocasse o caracol sagrado. Quetzalcoatl, deus "civilizador" e sábio, pede a vermes que façam os furos necessários no caracol e introduz abelhas que provocam a música pedida. O som preencheu o espaço escuro daquele mundo e encantou ao casal de soberanos. O inframundo é preenchido dos sons maravilhosos da concha e os ossos pedidos são liberados. A nova humanidade recebe também o milho como presente. Porém, os filhos de Quetzalcoatl sabem que esse mundo desaparecerá como todos os outros. O mundo não é linear. A matéria é refeita sistematicamente e volta guardando um pouco da criação anterior.

As fontes como o Popol Vuh maia, os livros pintados como o códice Vaticano A e a própria Pedra do Sol divergem sobre as características de cada era e o fim de cada momento. Porém, parece que todos estão em uníssono no item central: o sacrifício é necessário para que a ordem universal permaneça. Mesmo assim, todo mundo é passageiro e aquilo que conhecemos será totalmente transformado. A cada 52 anos, quando os astecas comemoram a festa do fogo novo, impera em milhões de corações no vale do México a ansiedade para saber o futuro. Quando o novo fogo é aceso e todos se abastecem dele, um suspiro de alívio ecoa pelos canais de Tenochtitlán: não foi ainda dessa vez que o quinto sol chegou a seu termo. Seu povo ganhara mais um pouco de tempo, por enquanto...

Deuses, governantes e o sangue

Os filhos da elite asteca tornam-se alunos num tipo de escola chamado calmecac. Ali, aprendem tudo o que é necessário: o sistema calendário, os nomes e o culto dos deuses, as regras do bem falar. Devem saber que só é possível beber em dias de festas religiosas e que embriaguez, fora desse contexto, é vício terrível e moralmente inaceitável. Os alunos do calmecac descobrem o preço de ser elite na cidade lacustre de Tenochtitlán.

A disciplina é rigorosa. Desde a infância, o aprendiz sabe que deve perfurar o corpo com espinhos de agave (*maguey*). Deve suportar a dor, bem como o frio intenso das noites de inverno do vale do México. Deve passar em claro as longas e solitárias vigílias de rituais de purificação. Deve aprender a olhar para o céu e decifrar os códigos registrados nas estrelas e planetas. Acima de tudo, deve aprender o respeito aos deuses.

Ometeotl é o princípio do cosmos. Dele saiu o deus já mencionado Quetzalcoatl, que os maias denominavam Kukulkam. Também o deus primordial gerou o ambíguo Tezcatlipoca, que ora auxilia e ora atrapalha Quetzalcoatl. Mas dele surgiu o deus mais asteca de todos, Huitzilopochtli. Outros seres poderosos juntavam-se a esse grupo, como Tlaloc, que trazia as chuvas e possibilitava a fertilidade do solo. No Templo Maior que os astecas ergueram na capital, Tlaloc divide o cume com Huitzilopochtli. É a mais alta pirâmide da religião dos astecas e ela funciona como um monte sagrado, uma montanha primordial refeita a cada 52 anos.

O mundo divino também comporta deusas. Coatlicue é chamada pelos frades cristãos de "mãe dos deuses, coração da terra". Outra deusa poderosa era Tonantzin (ou Cihuacoatl). Ela ajudou Quetzalcoatl a fazer a humanidade. Na colina de Tepeyac, próxima à grande Tenochtitlán, Tonantzin era adorada por seus filhos. No mesmo local, em 1531, a Virgem de Guadalupe teria aparecido ao indígena Juan Diego, mantendo o vínculo estreito entre o feminino e o sagrado que a colina inspirava.

Eram muitos deuses ou manifestações de um só? Eram forças da natureza encarnadas em divindades ou algo mais complexo? Talvez não tenhamos respostas claras para essas perguntas, pois grande parte da visão sobre os cultos religiosos indígenas do México veio de textos dos padres que imediatamente classificaram a religião como idolátrica, pagã e politeísta. A eliminação da elite sacerdotal e da maioria dos livros pré-hispânicos dificultou ainda mais a clareza. Por vezes, temos de contrapor achados arqueológicos, textos cristianizados e outras fontes para tentar diminuir a opacidade entre nós e as civilizações pré-hispânicas. Mas há algo que está nos padres, nas pedras, nos afrescos e nos livros: os sacrifícios com sangue.

A ordem cósmica deveria ser abastecida com sangue. Começava com o autossacrifício. Com espinhos ou ossos de animais como a águia, o sangue deveria brotar das pernas, da língua, das orelhas e dos órgãos genitais. A ordem do autossacrifício era particularmente forte sobre o governante, o tlatoani.

No entanto, existia um momento mais solene para o sangue. Era o sacrifício no Templo Maior. O tlatoani saía em procissão do seu palácio ao lado do templo. Os governantes aliados vinham juntos (o chamado Império Asteca era, na verdade, uma federação de três cidades com mais de trinta províncias tributárias). Os prisioneiros a serem sacrificados podiam ter origem na chamada "guerra florida", batalha ritual destinada a fornecer guerreiros para esse momento. A vítima era estendida e segura. Uma das formas mais comuns de morte sagrada era a extração do coração do sacrificado com uma faca afiada. O corpo podia ser jogado pela escadaria do Templo. Havia também sacrifício gladiatório, com a vítima sobre uma pedra e guerreiros armados ao seu redor desferindo golpes. Derramado o sangue, o universo seguia em moldes reconhecíveis. Certamente não era inexpressivo o ganho político: escolhendo como vítimas cidades rivais, ele funcionava também como forma de controle. O sacrifício acalma os deuses, lubrifica as engrenagens do cosmos e mantém as cidades rivais num constante terror.

Os assassinos vêm de barco

Desde a fundação de Tenochtitlán, no ano de 1325, até 1519, o crescimento do poder asteca foi extraordinário. De grupo bárbaro (chichimeca), os habitantes da ilha foram ampliando sua capacidade militar e absorvendo ideias dos povos anteriores. Os astecas pareciam cultivar certo orgulho desse passado, mesmo integrando-o aos grupos mais antigos da região central do México. No início do século XVI, eles reinavam sobre uma área muito vasta e os nomes dos seus deuses impunham respeito. Havia bolsões de resistência, como Tlaxcala, mas os filhos de Huitzilopochtli tinham se mostrado guerreiros à altura do seu fundador e patrono.

Dizem que os anos anteriores à chegada dos espanhóis foram povoados de presságios funestos. Há uma chance de eles terem sido criados pelos religiosos cristãos para tornarem ainda mais legítima a conquista europeia ou como forma de os indígenas explicarem suas tragédias. Um homem de duas cabeças apresenta-se diante do tlatoani. Uma águia cai aos pés do governante durante uma cerimônia na praça central. Gritos estranhos são ouvidos à noite. Se verdadeiros, os maus agouros deveriam assustar um povo que supunha ser instável a ordem cósmica na qual estavam inseridos.

O "bom e civilizador" e príncipe-deus Ce Acatl Topiltzin Quetzalcoatl havia abandonado o trono da cidade mítica de Tula e anunciado que retornaria um dia. Em 1519, navios vindos de Cuba bordejaram a costa maia de Iucatã e desembarcaram no que viria a ser a região do porto de Veracruz no golfo do México. Seu líder era um homem baixo, Hernán Cortés, que, carismático e muito jovem, reuniu mais de quinhentos soldados sob seu comando, sem o apoio do governador de Cuba. Seu objetivo fixo era o ouro, cobiça básica do século XVI.

Informantes trouxeram a notícia a Montezuma II, tlatoani da grande Tenochtitlán. Homem religioso, ele ficou muito angustiado. Mandou mais espiões e mensageiros. As notícias que chegavam tornavam mais sombrio o espírito do governante. Os homens estranhos vinham com cavalos, animal nunca contemplado pelos indígenas da América de então. Possuíam armas que causavam grande barulho. Eram poucos se comparados com a imensidão do poder asteca, mas estavam determinados a subir até o coração do mundo mexica. Outra arma secreta dos espanhóis seria vital: eles tinham Malinche, uma indígena tradutora que possibilitava a Cortés saber mais sobre Montezuma do que os indígenas poderiam saber sobre ele. Malinche era oriunda de um grupo rival dos astecas e teve um importante papel na conquista.

Quando Cortés chegou à cidade de Cholula, já acompanhado de aliados indígenas, deparou-se com o monumental centro de adoração de Quetzalcoatl.

Cholula talvez fosse a segunda cidade da Mesoamérica naquele momento e contava com 365 templos sagrados. Cortés promoveu um massacre no santuário. As mortes chegavam a 5 mil indígenas. O objetivo da matança e da queima da cidade era claro: inspirar terror nos inimigos. Tendo tido essa atitude sacrílega no centro de adoração de Quetzalcoatl, poucos mexicanos acreditaram ainda que ele fosse o próprio deus. Inimigos dos astecas, como o povo totonaca e os orgulhosos tlaxcaltecas, tinham feito aliança com Cortés. Assim, o meio milhar de espanhóis era reforçado por milhares de indígenas. Com esse contingente atrás das suas forças espanholas, Cortés travou o célebre encontro com Montezuma, em novembro de 1519. O espanhol foi recebido pacificamente e tratado como hóspede especial em Tenochtitlán. Foi a sentença de morte dos filhos de Huitzilopochtli.

A situação política era tensa no vale do México. Alguns nobres astecas queriam a imediata execução dos forasteiros. Outros compartilhavam a opinião de Montezuma e pregavam prudência. Os impasses atravessaram o fim do ano de 1519 e entraram 1520 afora. Uma notícia inquieta Cortés: navios espanhóis tinham chegado à costa do golfo para prendê-lo. Cortés desce até Veracruz e deixa seu capitão, Pedro de Alvarado, como chefe das tropas na capital.

O povo de Tenochtitlán comemorava a festa de Tóxcatl. A cerimônia exigia o sacrifício de um jovem em homenagem a Tezcatlipoca. Os devotos dançavam em plena festa quando ocorre um episódio que mudaria os rumos da conquista espanhola: os soldados liderados por Alvarado promoveram uma matança entre os bailarinos e músicos religiosos. Era o sacrilégio final. Os guerreiros de Tenochtitlán já haviam suportado demais. Por pressão de Montezuma, não haviam reagido aos atos de impiedade dos cristãos, nem à colocação de uma estátua da Virgem Maria no templo de Huitzilopochtli. Mas agora os espanhóis tinham ultrapassado todas as barreiras, matando a sangue frio os participantes do sagrado ritual de Tóxcatl. A agitação dos últimos dias de maio de 1520 foi intensa. A rebelião aberta tomava conta da cidade. Os invasores não eram deuses, heróis ou homens adeptos da religião de Huitzilopochtli, mas inimigos sacrílegos dos tenochcas. As máscaras tinham caído em definitivo.

Na tentativa de acalmar seus súditos, Montezuma II aparece em frente a seu palácio discursando para a multidão. Uma pedrada anônima feriu-o mortalmente. Em outra versão, seu corpo foi achado perfurado por espadas espanholas. Quem matou o tlatoani? A resposta nunca ficou clara. A verdade é que, agora, a guerra era aberta e os espanhóis tiveram de fugir. Muitos carregavam tanto ouro nos bolsos que acabaram afogados nos canais da grande capital. Como comentou, irônico, um cronista, morriam como tinham desejado: ricos e cobertos de ouro... Tendo retornado em meio ao caos que se instalava na cidade, Cortés fugiu com seus homens e chorou ao lado da árvore na noite que ficaria conhecida na memória hispânica como "*la noche triste*" (a noite triste). Era a efêmera vitória dos filhos de Huitzilopochtli contra os cristãos. Na verdade, seria a última.

O que se seguiu foi o cerco cruel à cidade orgulhosa do lago. As doenças trazidas pelos espanhóis dizimavam os resistentes. Gripe e sarampo, varíola e outros males desconhecidos do sistema imunológico da América fizeram mais vítimas do que as armas de fogo. O novo tlatoani, Cuitláhuac, irmão do assassinado, sucumbiu meses após sua ascensão ao trono, vítima da epidemia. O sobrinho deles, Cuauhtémoc, seria a última esperança de resistência contra os espanhóis. A cidade sofria bombardeio dos barcos que Cortés construíra com apoio dos aliados indígenas. A doença dizimava o povo. A água potável que vinha por um aqueduto para a grande cidade foi cortada. Cadáveres sem fim apodreciam nos canais de Tenochtitlán. Com um punhado de guerreiros e acuado em Tlatelolco, o último tlatoani lutou até o fim. A 13 de agosto de 1521, Cuauhtémoc rendeu-se ante as forças maiores de Cortés e dos aliados indígenas. Terminava a independência dos guerreiros que Huitzilopochtli havia conduzido para aquele lago quase duzentos anos antes.

Um sexto sol?

Nosso objetivo era falar de religiões desaparecidas. A religião asteca, o culto a Huitzilopochtli ou a Quetzalcoatl, não existe mais. A derrota de Cuauhtémoc selou o destino dos deuses. O culto do quinto sol tinha desaparecido. Porém, é comum se pensar que as religiões têm um pouco do princípio enunciado por Lavoisier: nada se perde, nada se cria, tudo se transforma...

É frequente o uso do conceito "mestiçagem" para definir cultos que combinavam várias fontes religiosas numa forma alternativa. A ideia é boa, desde que se considere que todas as religiões do mundo são mestiças. Tomemos como exemplo o catolicismo trazido ao México pelos conquistadores. Ele tem muito da concepção teológica judaica, é embasado na filosofia helenística/platônica e adaptou a organização política romana para fins religiosos. Tudo isso foi combinado com os matizes bárbaros da Alta Idade Média e com concepções humanísticas no Renascimento. Essa mistura secular deu origem ao puro catolicismo que aportou nas Américas. Não eram diferentes os cultos astecas pré-hispânicos, que tinham incorporado muitos princípios e deuses anteriores.

Imaginemos um indígena em 1521. Ele reverenciava estátuas de deuses e cultuava o princípio de que o sangue movia o universo. Zelosos frades disseram que tudo isso estava errado e que ele agora deveria venerar imagens de santos, de Maria e de Jesus. Também insistiam num Deus que sangrava numa cruz e distribuíam seu corpo e seu sangue a cada missa. Nas procissões da Semana Santa, era estimulado o flagelo em público, com chicotes retirando sangue dos penitentes. Segundo o testemunho de um franciscano chamado Gerónimo de Mendieta, a Semana Santa no México era extraordinária: ele registra 7.700 penitentes flagelando-se nas ruas da cidade, como povo seguindo andores com estátuas. Sim, o Templo Maior não existia mais. Suas pedras tinham sido usadas para a catedral. Mas, se as pedras mudaram de lugar, talvez o sangue e as estátuas não parecessem tão distintos para todos. Não devemos falar aqui em sobrevivência ou sincretismo, ambos conceitos problemáticos, mas podemos pensar que os limites entre os campos religiosos são mais claros nas cabeças dos frades do que nas indígenas.

Vamos sair um pouco da praça central e ir para o que então era um povoado afastado da Cidade do México. Numa área mais elevada chamada Tepeyac, erguia-se um centro de culto a Tonantzin. Ali perto, nascera um indígena de nome Cuauhtlatoatzin. Certamente, como homem piedoso, deveria ter venerado Tonantzin naquele cerro. Por volta de 1524, esse indígena foi batizado e recebeu o nome de Juan Diego. Ao tornar-se cristão, ele já era um homem maduro por volta de 50 anos de idade. Em dezembro de 1531, passando pelo mesmo cerro em que tantas vezes poderia ter ido buscar as bênçãos da deusa-mãe, ouviu uma voz que o chamava e falava com ele em perfeito náhuatl, a língua dos seus ancestrais. A voz pertencia a uma mulher belíssima que pediu um templo naquele lugar. O cristão Juan Diego foi correndo ao bispo Juan Zumárraga na Cidade do México. O bispo, como era natural para uma autoridade religiosa ou talvez por seu temperamento basco, duvidou do indígena. Zumárraga tinha feito carreira na Europa perseguindo feiticeiras e hereges e é natural supor que não se deixara dobrar pela visão de um indígena qualquer. Pouco tempo depois, Juan Diego passava apressado pelo mesmo cerro de Tepeyac em busca de um sacerdote para ouvir a confissão de seu tio moribundo. Ao encontrar novamente a bela dama, ela lhe garante que o tio estava curado e que ele deveria levar rosas (mesmo não sendo época) para o bispo cético. Assim agiu o diligente Juan Diego e encheu seu *ayate* (uma peça semelhante a um poncho) com as rosas que a senhora lhe indicara. Após mais um tempo de espera para ser recebido pelo bispo, Juan Diego abriu sua carga diante de Juan de Zumárraga e da criadagem. Para espanto de todos, teria surgido uma imagem belíssima da Virgem Maria gravada no manto. A imagem seria conhecida como Nossa Senhora de Guadalupe. O rosto da dama era moreno, com feições indígenas. O fato de Maria ter escolhido o cerro de Tepeyac para aparecer levou muitos religiosos (especialmente franciscanos) a combaterem o culto de Guadalupe como uma "sobrevivência" disfarçada de paganismo. O culto ignorou seus detratores e cresceu de forma geométrica ao longo dos séculos. Guadalupe foi declarada Rainha do México e Imperatriz das Américas.

Avancemos, agora, dois séculos. A Cidade do México está novamente crescendo. O vice-rei ordena obras ao lado da catedral. Ao removerem o calçamento, os trabalhadores encontram, em 1790, duas imensas peças de pedra: a estátua de Coatlicue e o "calendário asteca". Imediatamente após o achado, os índios passaram a adorar a estátua, escreve o irritado bispo Moxó y Francoly quase uma década após o episódio. A proibição da Igreja não intimidou a fé dos indígenas. Transferida a estátua para o pátio da universidade, os índios pulavam os muros à noite e dispunham-se novamente a adorá-la. Note-se que há mais de dois séculos não havia "ídolos" disponíveis para o imaginário indígena e, igualmente, há mais de dois séculos toda a população novo-hispana era formalmente cristã. É possível supor que os indígenas encontraram nas imagens o sentido de sua própria dignidade, de seu papel primordial na estrutura do mundo. Isso evidencia que os cultos astecas eram muito mais do que os tradicionais cultos agrários. Isso pode trazer um rico universo à tona: o culto ao fogo em casa, a veneração de ossos de ancestrais, as músicas e as danças, as práticas medicinais e religiosas dentro do lar de cada indígena podem ter permanecido muito além da fraqueza de Huitzilopochtli.

Epílogo: o dia dos mortos e dos vivos

O dia 2 de novembro é a festa dos mortos no mundo católico. Nas semanas anteriores, são armados altares nas casas com imagens dos falecidos da família e tudo de que eles gostavam, como tequila ou perfumes. Toalhas de papel rendado preenchem o espaço. Caveiras de açúcar são oferecidas para as crianças. Velas, imagens religiosas e outros aparatos cênicos completam o altar. Uma flor de forte ancestralidade indígena, a Cempasúchil (similar ao cravo-de-defunto do Brasil) preenche, com seu tom laranja, o ambiente festivo-fúnebre.

O que espanta o visitante não é a festa em si. Mas, no México, a festa dos mortos é uma festa, não um dobre lamurioso pelos que se foram. Há piqueniques nos cemitérios e, no interior do país, narram histórias de aldeias que desenterravam os mortos e contavam alegremente o que tinha acontecido durante o ano. Por todos os lados, emerge a figura do deus do inframundo (o Mictlan), conhecido pelos indígenas como Mictlantecuhtli. Nos últimos anos, nos centros maiores, ocorre uma fusão do dia dos mortos com o *Halloween* de ascendência anglo-saxã. Hoje não é raro ver crianças mexicanas portando uma cesta em forma de abóbora de plástico, em clara referência às travessuras do dia das bruxas dos EUA.

Religião está sempre em movimento. Ainda que seja verdadeiro afirmar que o plano da longa duração inclua muito do universo religioso como concepção do sagrado e relação com seres super-humanos, é ainda mais lícito supor que uma religião não nasce e morre apenas, mas vive num ciclo de complexa reinvenção. Mesmo o mais ardoroso indigenista não venera Huitzilopochtli como seu deus supremo nos dias de hoje. O México é a vitória do catolicismo visível em cada esquina, mas essa vitória, como quase sempre ocorre, não implica a destruição das concepções religiosas passadas. As camadas ficam sobrepostas e em diálogo permanente. Não é o catolicismo romano que se respira num cemitério em Oaxaca no dia 2 de novembro, mas não é um culto exclusivo ao senhor do Mictlan.

Como aconteceu com várias outras divindades, o tempo e as religiões adversas colaboraram no assassinato de Huitzilopochtli. Ele foi fazer companhia a tantas outras divindades, como Zeus ou Osíris, num universo ainda vívido na memória, mas destituído de fé. Sua vida deslocou-se da concepção crente das escolas pré-hispânicas para o interesse da Antropologia e do Indigenismo. A fé foi substituída pelo interesse erudito ou nacionalista e debates acadêmicos substituíram orações.

Hipóteses iconográficas estão no lugar de esforços dos pintores-escribas pré-hispânicos, os tlacuilos. A descoberta de imagens como as que ocorrem com frequência no México levantam ondas de admiração acadêmica e de tentativa de ligação da glória nacional ao passado asteca. Religião tornou-se mitologia e essa classificação ajuda os crentes dos deuses de agora a se protegerem da incômoda ideia de que seus venerados deuses podem também, um dia, desaparecer como força viva. A palavra "mitologia" protege nossa palavra "teologia". A espada, o tempo e a cruz mataram Huitzilopochtli. Porém, é bizarro lembrar que se o sangue anima os deuses e mantém o universo em equilíbrio, poucas épocas foram tão devotas como a nossa.

Bibliografia

BROTHERSTON, Gordon; MEDEIROS, Sérgio (orgs.). *Popol Vuh*. São Paulo: Iluminuras, 2007.
KARNAL, Leandro. *Teatro da fé*. São Paulo: Hucitec, 1997.
MENDIETA, fray Gerónimo de. *História eclesiástica indiana*. 2. ed. México: Porrúa, 1980.
SANTOS, Eduardo Natalino dos. *Deuses do méxico indígena*. São Paulo: Palas Athena, 2002.

* Agradecimentos: Fico eternamente grato à generosidade de Rose Karnal, leitora atenta, que me corrige com exatidão. Eduardo Natalino dos Santos teve a paciência de refinar vários conceitos do texto e indicar caminhos fundamentais. Márcia Arcuri fez uma leitura densa e me fez ver mais longe. Do fundo do coração, obrigado aos três.

Índios

Betty Mindlin

Quando as pessoas morrem, dizem os Suruí-Paiter, as almas têm que percorrer um caminho largo e longo, o Marameipeter, aberto na floresta dos céus. É uma viagem terrível, e os pajés e parentes dos mortos choram e rezam na terra para que os deuses tornem possível a travessia. Os pajés acompanham a alma, podem ir ao além e voltar para os vivos. A morte antigamente não existia. A lua também não. Os mitos que explicam a vida e regem o cotidiano ainda são encontrados e contados nas aldeias. Há cerca de 170 línguas diferentes, faladas por 200 povos indígenas no país. As religiões seguidas pelos índios no Brasil (ainda) não foram esquecidas, embora sejam poucos os jovens que sigam os passos dos seus pais e avós.

Os pajés costumam ter reuniões em lugares ignotos e invisíveis, entendem-se e conversam uns com os outros mesmo quando falam línguas distintas e pertencem a diferentes povos – assim nos explicam os Gavião-Ikolen de Rondônia. Com seu poder de invocar quem rege o universo, constituem uma só humanidade. Nós, que não temos essa capacidade, enfrentamos a barreira das 170 línguas indígenas brasileiras, e pouco sabemos em que acreditam os mais de duzentos povos do país. Eles convivem conosco, e ainda agora a grande maioria mantém sistemas de diálogo com deuses próprios e com o além.

Como cada povo tem uma explicação do mundo, que julga ser a verdadeira em contraposição à dos outros, não podemos falar em crenças ou religião dos índios como um todo. É preciso tomar alguns casos, para procurar compreendê-los melhor, e para estimular a pesquisa e a curiosidade sobre a imensa diversidade espiritual indígena.

Os traços comuns

É verdade que há características semelhantes e genéricas. As tradições dos índios brasileiros inserem-se numa vasta vertente religiosa, a do xamanismo, com a qual autores como Mircea Eliade ou Alfred Métraux, por exemplo, tanto nos fazem simpatizar.

Famosos na Ásia, passando por todos os continentes, sabemos da existência de xamãs ou pajés, capazes de voar aos céus, descer às profundezas subterrâneas ou das águas, transformar-se em onças e outros animais, atingir o êxtase e o transcendente, casar-se com espíritos, expressar-se em línguas incompreensíveis para o comum dos mortais. Submetem-se a provas e rituais como prolongadas reclusões, suportam temperaturas excessivas, a do fogo ou a do gelo (alguns podem dormir na neve e derretê-la com seu calor interno), veem as almas dos mortos, causam e curam doenças e males. Recorrem a alucinógenos ou tabaco e utilizam instrumentos como bastões e maracás dotados de poderes especiais, via para o sagrado, para convocar os deuses e chamá-los à terra, ou para o abandono transitório do corpo pela alma, no sonho ou na vigília, subindo para esferas imateriais.

As fontes

A matéria-prima para as observações que se seguem são as pesquisas de campo da autora, em cerca de 15 povos indígenas de Rondônia e Mato Grosso, realizadas desde 1979. A bibliografia disponível, leituras e fontes secundárias contribuem para o conteúdo (como o livro de Franz Caspar, *Die Tupari*, um estudo feito na região há mais de meio século). Mas o fundamental é a experiência vivida, contada e registrada em suas línguas por uns quarenta pajés, que se tornaram amigos próximos e colaboradores. Quase todos são homens, embora também algumas narradoras tenham transmitido conhecimentos preciosos.

Os povos em foco nessas linhas têm contato com a sociedade brasileira há poucas décadas – cerca de trinta anos os Suruí-Paiter, sessenta os Gavião-Ikolen, assim como os Arara-Karo ou os Tupari, ou há uns setenta, os Macurap. Apenas os Suruí, e há poucos anos, não estão praticando os rituais de cura, embora fossem até 1995 os mais avessos ao cristianismo. Mesmo entre eles, como em todos os outros, as tradições religiosas continuam acesas. Deve-se reconhecer, porém, que estão agora mescladas a novas influências, como do fundamentalismo protestante e de informações vindas da cidade, e que praticamente não surgem novos pajés ou jovens que pensem em seguir o caminho dos pais e avós.

A iniciação Gavião-Ikolen

Os pajés Gavião-Ikolen de Rondônia aprendem, ao longo do seu ofício, a transformar-se em animais. É sob a forma de papagaios, periquitos, araras que voam em busca das almas dos doentes, roubadas por entes do mato, como os *zagapuy* ou os temíveis *zerebãi*, que as camuflam em sua morada, em cestos, pedaços de algodão, esconderijos vários. Dialogando ou ameaçando os predadores, os pajés trazem de volta as almas ao corpo enfermo, curando-o. Pajés também se metamorfoseiam em animais ferozes: gostam de ser onças, lontras, porcos-do-mato e outros. E quando muito experientes, divertem-se assustando um jovem que desejam ter como aprendiz: ameaçam-no, tomando a aparência de jaguar, revoam em torno dele, falam, invisíveis.

É quando "acontece", conta quem se iniciou, um desmaio, vozes esquisitas na floresta, febres estranhas ao voltar. É o chamado para o difícil caminho de se tornar mago, a revelação. O aprendiz não pode ter medo da onça que encontra (como saber se é o pajé mais velho ou um animal selvagem?), deve fitá-la nos olhos; com o tempo, conseguirá ser também um jaguar. Há casos de pajés que flecharam a si próprios, quando incautos andavam em forma de onça... e acordaram no dia seguinte com a boca entranhada de pelos.

Cada pajé mais velho cobiça alguns aprendizes, perpetuando a sua sábia linhagem.

Um pajé-emblema, esteio do povo

Em 1981 os Gavião-Ikolen haviam abandonado os rituais de pajelança, pois eram dominados pelos missionários da seita Novas Tribos do Brasil. Foi então que o pajé Alamãa desapareceu misteriosamente da Casa do Índio em Porto Velho, e nem a polícia nem os parentes descobriram qualquer pista sua. Meses depois, reapareceu na aldeia, a centenas de quilômetros, em transe permanente. Sua chegada foi precedida por animais tidos como *zerebãi*, espíritos assustadores. Alamãa contou que aprendera com eles a arte de transformar-se em lontra, ave, onça, e sobreviver como animal, e que voando, nadando ou caçando viera pela selva reencontrar os seus. Com ele, recomeçaram a pajelança e os rituais de cura; índios e Funai expulsaram os missionários, a luta pela terra ganhou força vitoriosa contra os numerosos invasores. Anos depois, em 1992, Alamãa sumiu outra vez – agora em desespero pela ação ilegal dos madeireiros, ao ver tombar a floresta milenar, morada dos deuses. Na sua última fuga, exibiu tal vigor que cinco fortes guerreiros jovens não conseguiram retê-lo; desapareceu nas brenhas. Ainda hoje há ocasionais boatos de que vive em terras dos índios Zoró, mas outros acreditam que se juntou aos Goianei, deuses das águas, e nunca mais voltará na forma anterior.

O Marameipeter, a Estrada das Almas

Quando as pessoas morrem, dizem os Suruí-Paiter, as almas têm que percorrer um caminho largo e longo, o Marameipeter, aberto na floresta dos céus. É uma viagem terrível, e os pajés e parentes dos mortos choram e rezam na Terra para que os deuses tornem possível a travessia. Os pajés acompanham a alma, podem ir ao além e voltar para os vivos. Quem tem doenças graves também faz a viagem, vê os seres queridos que já se foram e, se sarar, retorna à vida normal. Há, assim, muitas testemunhas do que se passa nos céus.

Grandes perigos acometem os viajantes na estrada misteriosa. São descomunais para os covardes, os transgressores, os criminosos, como quem cometeu incesto ou matou parentes, mas se tornam diminutos para os bravos, os corajosos, de conduta correta, que fizeram muitas roças e sustentaram grandes famílias.

A descrição das ameaças é interminável. Há uma Grande Lagarta que defeca sobre as almas: para os medrosos, torna-se grande, e eles desaparecem sob os dejetos... Mas para os destemidos, não tem mais que o tamanho de uma lagartixa, e suas fezes nem são visíveis, podem ser puladas.

Os homens deparam-se mais adiante com uma mulher gigante, Lapoti, com a vagina semelhante a uma caverna para engolir o viajante. Para o homem valente, a boca e a vagina se suavizam e diminuem, como em uma mulher normal, com quem ele copula, seguindo sossegado. Para as mulheres, há um homem com pênis gigantesco, dilacerando as que foram malcomportadas; ou apenas com uma tirinha de nada, suportável, para as bem-sucedidas em vida.

Há muitos outros pavores. Lembremos o Grande Fogo, queimando quem merece, ou pequena chama para os virtuosos; os Espinhos Descomunais; as Pedras que Esmagam; os próprios parentes mortos que retêm quem chega, por amor e saudade talvez, mas o extingue; a Lança que Fura as Almas; a Minhoca Imensa Motingni, mordendo os covardes, ou desfazendo-se em mil fragmentos para os fortes; a Onça Devoradora, e muitos outros. Quando vencem, as almas bravias chegam a uma morada paradisíaca, onde vivem com deuses e com os parentes que foram capazes de afrontar os monstros.

Suruí-Paiter: os iniciantes

Quando os pajés relatam como se iniciaram, delineia-se um padrão. Há um elemento de hereditariedade, predominando pajés em algumas famílias. Dentro do parentesco, o acaso ou revelação: sonhos ou visões súbitas, e a proximidade com a morte, por doença grave ou, com frequência, por mordida de cobra. Os deuses causam as doenças e, pela intervenção dos pajés, fazem-nas desaparecer.

É sempre um susto para quem é atingido: vai ao país das almas, enfrenta monstros e grandes perigos, e encontra os deuses, que anunciam as reclusões e duras provas a que deve submeter-se, como a travessia do Caminho das Almas. Os jovens, ou mesmo seus pais, sempre desejam fugir do chamado, que aterroriza, exige coragem sobre-humana e regras rígidas de comportamento, como longos períodos de abstinência sexual – mas não há como recuar diante da vocação imposta por desígnios divinos.

Os pajés mais velhos acompanham os aprendizes, ensinam-lhes cantos, que eles aprendem também diretamente dos próprios deuses. Certa ocasião, recluso em sua pequena oca, atendido apenas por crianças, pela jovem noiva impúbere prometida e pelo pajé-mestre, um aprendiz cantou dias e noites ininterruptos, sem dormir, trêmulo, sempre em transe, agarrado ao *naraí*, seu cetro de xamã, incorporando a cada vez um deus diverso. Por sua boca falava Gapame, um entre centenas de deuses, que desce à Terra acompanhado de ventos, aos quais apenas o seu belo cocar de plumas coloridas resiste, enquanto árvores se despedaçam e folhas se esparramam.

Alguns aprendizes fracassam por não ter coragem suficiente. Outros morrem, ao infringir a proibição de namorar no período dedicado aos deuses.

Casamentos celestes: o domínio das almas Gavião-Ikolen

Os pajés e os mortos Ikolen percorrem um caminho das almas nos céus, no Garpi, análogo ao dos Suruí, atormentado por perigos. Mas os pajés acentuam a face prazerosa das suas viagens, destinadas a amparar a passagem dos falecidos, a buscar os doentes e também a passear. As ocas e aldeias do além, eles contam, estão em festa permanente. Enquanto seus corpos adormecem na rede, ao lado das esposas, os pajés passam a noite dançando, bebendo, casam-se com mulheres-espíritos ou deusas, com quem têm filhos, que por sua vez vão amparar os mortais.

Num ritual de cura, os filhos e a mulher divinos do pajé Tsiposegov chegaram à aldeia um a um, proibindo sob grave pena que alguém olhasse para eles na noite sombria. Inquiriram como estavam os irmãos humanos; traziam saúde e a cura e conversaram em voz alta, registrada em gravador. Carne e espírito parecem não se opor; o namoro une o físico ao imaterial. Há, ao mesmo tempo, abstinência sexual, levando as pessoas a fixar-se num alvo e dedicar-se ao sagrado sem dilaceramentos.

Diz o pajé Txipiküb-ob que pisa o chão do Caminho das Almas, mas não é como ir à roça e tocar a terra com os pés: é um piscar de olhos que o faz ir muito longe, por tempo infinito, permitindo voltar. É um êxtase que os que não experimentaram não conseguem entender.

Almas

Podem ser muitas, em cada povo, sediadas em diferentes partes do corpo. Notemos que os Tupinambá atribuíam ao fígado qualidades semelhantes às que nos evoca o coração.

Os Ikolen têm o *ti* – seria talvez a energia ou psique animadora, a que faz criar; o *zagonkap*, o nosso invólucro ou "semente do coração", "casca do coração", que gosta de viajar, com ou sem corpo; o *ixo*, imagem ou sombra, que não tem morada fixa, erra no mato, a que mais conhecemos e tememos, porque quer nos arrastar.

Paixão, hálito, sopro, alento, emoção, daimon, duplo, reflexo, ânimo? Cada alma há de ter um pouco da substância que faz o corpo não ser corpo apenas.

Cena emblemática de um ritual ao redor de uma árvore, pintura rupreste no Nordeste do Brasil.

A religião, os deuses, os mitos

Para os índios, são os mitos que contêm a verdadeira história do mundo. Os mitos não são fantasia ou ficção, e sim a explicação do universo: a origem do cosmos, da humanidade, da sexualidade, dos astros, da caça, da agricultura, das mulheres, da arte e da música, de tudo que é possível conceber. Cerimônias, festas, rezas, cantos, proibições, regras de comportamento – tudo aquilo que faz parte do que costumamos chamar de religião – têm como chão um corpo mítico, inerente ao cotidiano, sem nítida distinção entre o sagrado e o profano, familiar para todos, embora os pajés detenham um conhecimento mais profundo e a prerrogativa das viagens místicas.

Na festa de cura e invocação de abundância na colheita e no plantio, como o Hoeietê dos Suruí-Paiter, a Lua, um homem, incorpora-se ao pajé, cantando e contando quem é, espetáculo para a comunidade inteira. Antes de existir a Lua, ele visitava sua irmã, que estava sozinha numa pequena oca, em reclusão de vários meses pela primeira menstruação, e namoravam em segredo, sem que ela soubesse quem era ele. Aconselhada pela mãe, enquanto ele dormia, a moça pintou-o de jenipapo, tinta negra indelével. Desvendou-se a identidade do moço na manhã seguinte, quando a mãe o viu entre os homens da aldeia. Com a vergonha pelo incesto, os dois jovens subiram aos céus e transformaram-se na Lua, um astro assim criado no cosmos: as manchas escuras são o jenipapo, marca da transgressão e da paixão.

Os criadores

Nos povos de Rondônia, como em inúmeros outros, os criadores do universo costumam ser um par de companheiros ou irmãos. Um deles é mais folgado e preguiçoso, sempre na rede balançando; o outro, arteiro e desastrado, inventa e prega peças, mas traz novidades para os seres humanos. Assim é entre os Aruá, com Andarob menos inteligente, o de cabeça vermelha, e Paricot assanhado. Não havia mulheres, embora tivessem uma irmã (mistério!). Para casar, Paricot copulou com o morro de cupim, e meses depois, do fundo da terra, nasceu a humanidade, que ele soltou abrindo um buraco nas rochas. Paricot inventou a agricultura, trouxe a água, o fogo, com seu irmão sempre atrapalhando, e até morreram queimados os dois, para depois renascer. Paricot ensinou uma só língua para todos os povos; Andarob fez confusão, fez cada grupo saber uma língua diferente. Juntos criaram o adultério, transformaram gente em animais, para brincar e para ter caça, inundaram a terra, e depois consertaram as modas esquisitas que desencadearam.

Nos Macurap, nos Jabuti, nos Tupari, nos Arikapu ou Ajuru, sempre há esse jogo de opostos; não são o bem e o mal, mas se trata de uma ordem e uma brincadeira criativas. Vale a pena conhecer as suas travessuras e desastres, e saber como chegam a ser punidos pelos homens por exagerar.

Lembremos que os criadores ou demiurgos, em todos esses povos, são sempre homens, nunca mulheres. Nos Suruí, as primeiras mulheres provêm de um homem e uma cabaça; esse homem já tinha mãe, personagem acessória, não aparecendo como ser primordial.

A origem da morte

Em muitos povos, antigamente, a morte não existia. As pessoas morriam e retornavam. O grande mal é explicado em cada lugar de um jeito.

Os Macurap contam de um homem que morreu, foi enterrado na própria oca, como era costume, mas disse à mãe que não chorasse, pois voltaria, como de fato fez, na forma de uma criança que ia crescendo aos poucos, com as batatas com que a mãe o alimentava. Quando já estava quase na forma anterior adulta, sua mãe foi à roça, e ele ficou sozinho com uma velha gulosa e exigente que não cessava de lhe pedir o alimento. Ele deu enquanto tinha, mas a batata acabou. A velha ranzinza amaldiçoou-o: "Você não tinha morrido? Por que voltou? Fique lá embaixo!" Ofendido, ele se foi para o reino dos mortos. A mãe, desesperada, seguiu-o, mas teve que morrer, mordida por um escorpião, para ficar junto dele. Desde então os mortos se afastaram para um domínio longínquo, e têm que ser chamados pelos pajés para serem homenageados. Cada morte, hoje em dia, exige complexos rituais e dedicação dos pajés, com muita dor e tristeza de todos.

Os Tupari contam que antigamente os mortos voltavam. Um homem, Patopkiá, havia proibido as irmãs de chorarem quando morresse. Mas quando elas o viram morto, quiseram aprender a chorar, porque só sabiam assobiar, e pediram à velha Ubaiped que lhes ensinasse. A velha ensinou um canto e um choro, só que no caminho elas sempre se esqueciam. Tropeçavam repetidas vezes, e esqueciam. Até que a velha resolveu acompanhá-las, e quando encontraram Patopkiá saindo da sepultura, foi uma choradeira de fazer medo. Ele ficou furioso, atirou pedras na velha, porque não aguentava mais a barulheira dos lamúrios, e pendurou-a no meio do rio. Desde então existe a morte, por causa dessa velha.

Arco-íris

Nos Tupari e nos Macurap, é uma cobra ou um arco-íris a ponte que leva as almas dos mortos para a esfera imaterial, cruzando um grande rio. Nos Tupari, os mortos perdem a memória, ficam como criancinhas, vão para a casa de Patopkiá, o chefe dos mortos. Antes, porém, têm que passar por duas cobras e dois jacarés estirados, e enfrentam grandes perigos.

Nos Macurap, a cobra-ponte é um arco-íris, que vem buscar de mansinho os espíritos dos mortos para levá-los às alturas. Não é simples o caminho, as almas sofrem demais até chegar ao seu destino.

Os fantasmas bobos

Faz parte da religião dos índios um leque amplo de seres fantasmagóricos, assustadores, que as pessoas temem encontrar na floresta, sobretudo quando estão sozinhas, ou mesmo quando se afastam no escuro perto das ocas, para pequenas saídas noturnas biológicas ou para namoros camuflados. Nos Macurap, o Txopokod, uma aparição, vive mudando de personagem. Um deles tem o papel de amante proibido; usando apenas a mão, faz o clitóris de uma mulher casada crescer de prazer até tornar-se descomunal. Nos Tupari, é o Tarupá o ser maléfico, tanto assim que esse é o nome atribuído ao colonizador não índio, que trouxe doenças e invenções tecnológicas. Um dos Tarupás toma a aparência da avó de uma criança, oferecendo de carregá-la no colo enquanto a mãe dança e a rouba. Há uma mulher Tarupá coberta de pelos que quer namorar o caçador. O Wainkô dos Ajuru também parece humano e finge ser a melhor amiga de uma menina para levá-la para uma velha malvada. Nos Suruí ou nos Gavião e Zoró, o Gerbai e o Zerebãi podem parecer gente inimiga, ou animais estranhos, que é preciso evitar, pois querem matar. É comum o Zagapuy dos Ikolen engravidar moças solteiras, que se apaixonam por eles, quando assumem contornos de sedutores.

Espectros capazes de destruir, a maioria desses entes são também pouco inteligentes e podem ser enganados por índios espertos. Dois amigos Tupari convencem um Tarupá que estão esmagando os próprios testículos para comê-los como ovos ou coquinhos de tucumã. O Tarupá guloso imita-os, espoca suas bolas... e morre, doido de dor. Suas cinzas têm o poder de tornar as pessoas invisíveis. (Há um episódio parecido em *Macunaíma*, de Mário de Andrade). Outro Tarupá é persuadido por dois amigos Tupari, que para ter um cabelo bonito como o deles deve submeter-se a um corte com um instrumento afiado, e os dois malandros o decepam.

Enganar espíritos é uma arte que vale a pena aprender.

Ritos de passagem e reclusões

Chamam a atenção, nas aldeias tradicionais, como nas Suruí, as inúmeras reclusões a que devem obedecer as meninas na menarca, as mulheres menstruadas, as parturientes, as pessoas de luto, os pais de nenês pequenos – e os que mataram. O isolamento chega a levar meses, com restrições alimentares. Se as regras são desobedecidas, acredita-se que podem advir males para todos ou doenças para os familiares. Muitas mortes são atribuídas à quebra de tabus, sobretudo quanto à comida. O sangue representa um perigo, como o dos recém-nascidos e suas mães. Há em toda rotina cotidiana um clima sobrenatural, a ameaça permanente de quebrar uma ordem divina ou provocar visagens. As palavras podem desencadear processos indesejáveis, provenientes do invisível. Pronunciar o nome de certos parentes, por exemplo, nos Suruí, os filhos dizerem o dos pais, ou o dos mortos, traz consequências funestas, como se estivessem sendo invocadas aparições. Há pios ou ruídos, trovões ou luzes, que anunciam tragédias. O cenário mais calmo, da floresta ou da aldeia, é repleto de transformações virtuais, que fazem a paz desmoronar.

Para assegurar a fartura e a tranquilidade, a saúde, é preciso providenciar numerosas festas com bebida e comida, unindo a comunidade, trazendo os deuses e honrando-os.

Festas como nos Suruí, o Mapimaí, nos Ikolen, a dos céus Garpii, a do fogo ou dos jacarés para os Goianei das águas, e nos povos do Rio Guaporé e Rio Branco (Tupari, Macurap, Jabuti, Ajuru e outros), as reuniões de pajés, com longo preparo de alucinógenos, fazem parte da esfera da produção e do bem-estar, ponte entre os mortais e os eternos, da qual o efêmero arco-íris é uma bela imagem.

Conclusão

É temerário pincelar em poucas páginas o universo místico dos índios, que só de relance conseguimos adivinhar. Não foram sequer aflorados povos muito estudados, nem rituais famosos como o de morte e criação, o Kwarup do Alto Xingu, ou o drama da feitiçaria, com sua intrincada relação com mecanismos do poder político, ou as cerimônias e festas proibidas às mulheres por razões religiosas, infundindo temor reverencial em certas ocasiões. Que leitores, índios e editores invoquem os deuses das matas e campos brasileiros, abram-lhes o infinito espaço que é deles, preparem festas grandiosas e os convidem para beber e comer, conclamando-os a descer às feiras literárias e metamorfosear-se com seus dons mágicos em livros e bibliotecas, faladas e escritas.

Bibliografia

MINDLIN, Betty et al. *Tuparis e Tarupás*. São Paulo: Brasiliense/Edusp/Iamá, 1993.

________. *Vozes da origem, estórias sem escrita, narrativas dos índios Suruí de Rondônia*. Rio de Janeiro: Record, 2007.

________. *Moqueca de maridos*. Rio de Janeiro: Rosa dos Tempos/Record, 1997.

________. *Terra grávida*. Rio de Janeiro: Rosa dos Tempos/Record, 1999.

MINDLIN, Betty; TSORABÁ, Digut; CATARINO, Sebirop et al. *Couro dos espíritos*. São Paulo: Senac/Terceiro Nome, 2001.

Iconografia

Capa, p. 6, 208 e 212: Arte a partir do monumento megalítico de Stonehenge, (c. 3000 a.C.).

Egípcios: p. 10: Ankh – hieróglifo símbolo da vida eterna (c. 2300 a.C.); p. 13: deus Hórus no tempo de Edfu (fotografia de Julio Gralha, 02/2007); p. 23: a concepção de Hatshepsut por Amon-Ra, autor desconhecido (c. 1500 a.C.).

Sumérios: p. 26: imagem em alto relevo do Globo Alado, autor desconhecido (c. 3000 a.C.); p. 31: estátua de Gudea, autor desconhecido (c. 2120 a.C.).

Gregos: p. 40: estátua de Zeus esculpida em ouro e marfim, por Fídias (c. 432 a.C.); p. 44: estátua de Kouros Moschophoros, autor desconhecido (c. 570-560 a.C.); p. 49: kylix ilustrando o encontro de Édipo com a Esfinge, autor desconhecido (c. 440 a.C.).

Romanos: p. 52 e 61: Marte e Vênus, afresco de Pompéia, autor desconhecido (c. século V a.C.); p. 57: afresco da Vila dos Mistérios, cena VII, autor desconhecido (c. 60-50 a.C.).

Gnósticos: p. 66: Manuscrito do texto de Isaías 34, 14-36, 2 (c. século I a.C.); p. 71: bilhas onde foram encontrados manuscritos do Antigo Testamento e textos gnósticos, autor desconhecido (c. século I a.C.).

Arianistas: p. 86: Bíblia de Úlfila, manuscrito do século VI, autor desconhecido; p. 93: follis de bronze com as faces de Constantino e do Sol Invicto (c. 310-312 a.C.).

Persas: p. 102: Fravahar, representa a essência de Deus no meio das pessoas, autor desconhecido (c. 400-450 a.C.); p. 106: detalhe de gravura na cidade de Persópolis, autor desconhecido (c. 500 a.C.).

Celtas: p. 116: detalhe a partir do caldeirão de Gundestrup, autor desconhecido (c. século I a.C.); p. 123: detalhe do caldeirão de Gundestrup, mostrando deus com chifres, autor desconhecido (c. século I a.C.).

Vikings: p. 130: pingente com a forma do martelo do deus Thor, (c. século X d.C.); p. 140: fotografia do cemitério pagão de Lindholm Høje, autor desconhecido (c. século IX-XI d.C.).

Albigenses: p. 144: imagem de dragão e outros textos, de Harley MS 3244 (c. 1255 d.C.); p. 155: Saltério, de Henry de Blois (c. 1150 d.C.).

Maias: p. 160: deus Kuculcán, desenhado *in situ* por Alexandre Navarro (c. 300-900 d.C.); p. 165: detalhe a partir da estela encontrada em Izapa, autor desconhecido (c. 600 a.C.); p. 171: Chichén Itzá, desenhado *in situ* por Alexandre Navarro (c. 900-1250 d.C.)

Astecas: p. 178: a serpente emplumada, autor desconhecido (c. século XIV-XV d.C.); p. 183: Xolotl, irmão gêmeo de Quetzalcoatl, autor desconhecido (c. século XV).

Índios: p. 194: cena emblemática de casamento, pintura rupreste no Nordeste do Brasil, (sem data); p. 202: cena emblemática de ritual ao redor da árvore, pintura rupreste no Nordeste do Brasil, (sem data).

Os autores

Pedro Paulo Funari (org.)

Bacharel em História, mestre em Antropologia Social e doutor em Arqueologia pela Universidade de São Paulo (USP). Livre-docente e professor titular do Departamento de História e Coordenador do Núcleo de Estudos Estratégicos (NEE) da Unicamp. Possui vários livros publicados pela Editora Contexto como autor, coautor e organizador, dentre eles *Grécia e Roma* e *Arqueologia*.

Alexandre Navarro

Historiador, mestre em Arqueologia pela USP e doutor em Antropologia pela UNAM, México, com estágio em Arqueologia da Paisagem no Instituto de Estudios Gallegos Padre Sarmiento, na Espanha. Especialista na cultura maia, participou de escavações arqueológicas nos sítios de Chichén Itzá, Calakmul e Ilha Cerritos (porto de Chichén Itzá). Desenvolve pesquisa de pós-doutoramento sobre a cultura maia no Núcleo de Estudos Estratégicos da Unicamp.

Ana Donnard

Possui doutorado em Estudos Célticos na Universidade de Rennes como bolsista do CNPq. Atualmente é professora no Instituto de Letras da Universidade Federal de Uberlândia, onde prepara a linha de pesquisa em Estudos Célticos para a pós-graduação em Estudos Literários. Pesquisadora da Société Belge d'Etudes Celtiques desde 2005.

Betty Mindlin

Antropóloga, com doutorado pela PUC-SP, com mestrado pela Universidade de Cornell-EUA e graduação em Economia pela USP. Convive há anos com povos indígenas da Amazônia, empenhada em projetos de pesquisa e intervenção social. É autora de livros sobre mitos em coautoria com narradores indígenas.

Flavia Galli Tatsch

Possui formação em História e mestrado em Ciências da Comunicação pela USP. É doutoranda em História Cultural pelo IFCH/Unicamp, sob orientação do prof. Leandro Karnal. Autora de artigos em periódicos, capítulo de livro e material educativo para exposições de história e arte.

Johnni Langer

Possui mestrado e doutorado em História na UFPR e pós-doutorado em História pela USP. Atualmente é professor adjunto em História Medieval na UFMA com estudos dedicados à cultura e história da Escandinávia da Era Viking. Atualmente é membro do Grupo Brathair de Estudos Celtas e Germânicos e da Associação Brasileira de Estudos Medievais.

Julio Cesar Magalhães

Possui formação em História pela Universidade Estadual de Campinas, mestrado em História Social pela mesma universidade e doutorado em História Antiga pela Université Paris X Nanterre (França). É professor de História Antiga da Universidade Estadual de Londrina.

Julio Gralha

Possui graduação em História pela UERJ, mestrado em História Social com ênfase no Egito Faraônico (UFF) e está finalizando o doutorado em História Cultural (Unicamp) com ênfase em Arqueologia e Egito Helenizado (Ptolomaico) sob a orientação do prof. Pedro Paulo Funari. Possui especialização em Sociologia Urbana (UERJ) e História (FIS). É professor de História Antiga e Medieval.

Leandro Karnal

Historiador, doutor pela USP e professor de História da América na Unicamp. Atualmente é coordenador do programa de pós-graduação em História na Universidade Estadual de Campinas. Foi curador de exposições como *A escrita da memória* e de espaços museológicos como o Museu da Língua Portuguesa em São Paulo. Publicou obras como *Teatro da Fé*. Pela Editora Contexto é coautor de *História dos Estados Unidos* e organizador de *História na sala de aula*.

Luiz Alexandre Rossi

Concluiu estudos de pós-doutorado em História Antiga pela Unicamp e em Teologia pelo Fuller Theological Seminary (EUA). É doutor em Ciências da Religião pela Universidade Metodista de São Paulo (Umesp) e mestre em Teologia pela Faculdade do Instituto Superior Evangélico de Estudos Teológicos em Buenos Aires. Autor de inúmeros livros, entre eles *Messianismo e modernidade*. É professor adjunto na PUC-PR no programa de mestrado em Teologia.

Paulo Nogueira

Possui doutorado em Teologia pela Universidade de Heidelberg (Ruprecht-Karls) e fez pós-doutorado em História no NEE/Unicamp. É professor titular da pós-graduação em Ciências da Religião da Universidade Metodista de São Paulo. É docente e pesquisador na área da Teologia e das Ciências da Religião.

Renata Senna Garraffoni

Formou-se na Universidade Estadual de Campinas onde também obteve o mestrado e doutorado. Realizou pós-doutorado pela University of Birmingham, Inglaterra. É professora no Departamento de História da Universidade Federal do Paraná e tem experiência na área de Estudos Clássicos, com ênfase no Império Romano.

Sergio Alberto Feldman

Concluiu a graduação na Universidade de Tel Aviv (Israel) em História. Possui mestrado pela USP em História Social com foco em Medieval Ibérica e doutorado pela UFPR em Antiguidade Tardia. Atualmente é professor de História Medieval na Universidade Federal do Espírito Santo (UFES).

DOM HELDER CAMARA

o profeta da paz

Walter Praxedes e *Nelson Piletti*

O ano de 2009 marca o centenário de nascimento de dom Helder Camara, talvez a figura mais brilhante e polêmica que a Igreja brasileira já produziu. Chamado pela imprensa ora de "bispo vermelho" ora de "santo rebelde", Helder Camara foi amado pelo povo e odiado pela alta cúpula dos governos militares. Por isso mesmo os julgamentos a seu respeito se polarizam. É fácil transformá-lo em figura mítica com postura rebelde, acima do bem e do mal. Em virtude de sua pregação libertadora em defesa dos mais pobres e de sua atuação política e social, foi perseguido e caluniado. A obra situa o biografado na História do Brasil, estuda as relações entre militares e a Igreja brasileira e entre esta e o Vaticano. Pela importância do biografado, pelo período que analisa, pela escrita elegante e gostosa de ler, esta obra está destinada a ocupar a atenção dos leitores.

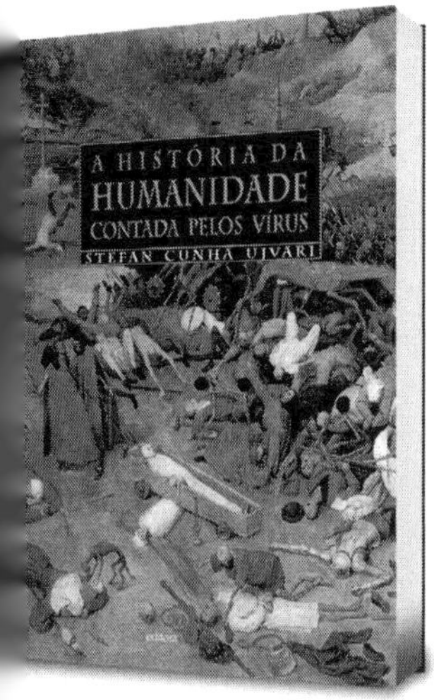

A HISTÓRIA DA HUMANIDADE CONTADA PELOS VÍRUS

Stefan Cunha Ujvari

Malária, sífilis, tuberculose, ebola, gripe, aids, sarampo e outros males que atacam a humanidade revelam muito mais da nossa história do que imaginamos. Os passos do homem ao longo das épocas, pelos continentes, o início da utilização de vestimentas, a convivência com diversos animais, o encontro com outros seres humanos: tudo isso pode ser desvendado agora com o estudo microscópico de vírus, bactérias e parasitas que cruzaram – e cruzam – o nosso caminho. Esses pequenos seres têm sido protagonistas centrais e narradores, não meros coadjuvantes, do processo histórico. Este livro, escrito por um brilhante médico infectologista brasileiro, em estilo agradável e de fácil leitura, traz a genética definitivamente para a área das ciências do homem.

OS MONOTEÍSTAS
Volume I: os povos de Deus

F. E. Peters

Fé, revelação, ética, moral, lei, busca da salvação. Religião para alguns, filosofia de vida para outros; alguns seguem uma conduta ética e moral por fé, outros por nascimento. De qualquer forma, a religião liga o homem a algo que lhe transcende. Por que há três comunidades distintas de crentes de um único Deus e por que o adoram e como pensam acerca dele? Como judeus, cristãos e muçulmanos se tratam mutuamente? *Os monoteístas: os povos de Deus* é um livro sério, imparcial e abrangente, que conta como surgiu a adoração a um único Deus e como se desenvolveram os Povos do Livro. Obra de referência a todos os interessados no tema – desde religiosos e historiadores a estudiosos das relações internacionais e sociólogos.

OS MONOTEÍSTAS
Volume II: as palavras e a vontade de Deus

F. E. Peters

De que forma as escrituras influenciam a vida de cristãos, judeus e muçulmanos? Como esses povos compreendem e praticam a palavra de Deus? A moral dos homens é, de fato, elaborada a partir da palavra divina? E como cada religião lida com questões complexas como a vida após a morte? As três religiões monoteístas estão intimamente ligadas. Porém, embora partilhem um vasto leque de história, tradições e ideologia, não conseguem se entender em pontos essenciais. Livro denso e revelador, mas claro e de leitura agradável, *Os monoteístas: as palavras e a vontade de Deus* é uma obra recheada de preciosas análises, detalhando a vida interna das três comunidades monoteístas, o espírito que as anima e regula. Obra imparcial, acessível e abrangente, indicada a todos os interessados no tema, desde religiosos e historiadores a estudiosos das relações internacionais e sociólogos.